大政翼賛会への道

近衛新体制

伊藤　隆

講談社学術文庫

目次

大政翼賛会への道

序章　新体制の成立

二度目の組閣の背景

昭和一五年（一九四〇）七月二二日、近衛文麿《このえふみまろ》は三年前につづいて二度目の内閣を組織した。この日午後七時に参内した近衛は閣員名簿を天皇に捧呈し、八時には宮中で近衛首相の親任式、九時に閣僚の親任式が行なわれたのであった。翌二三日夕、近衛は「大命を拝して」と題するラジオ放送を行なった。その中で彼は、世界情勢の一変に対応して国内体制の一新を図らねばならぬとし、とりわけ、政党を「立党の趣旨において、自由主義をとり、民主主義をとり、或は社会主義をとって、その根本の世界観人生観が、既に国体と相容れず、またその目的が政権争奪にあることは「立法府における大政翼賛の道では断じてない」として非難した。そのほか、日本独自の立場で外交をすすめること、そのためにはまた、日本経済を外国依存から脱却せしめて、満州・中国との提携、南洋方面への発展を要すること、国民生活は確保するが、しかし増産と節約が不可欠なこと、個人の創意を重んずるが、種々の統制は不可避だということ、教育の刷新が根本だということなどをのべた。

この放送を元老西園寺《さいおんじ》公望《きんもち》も聞いていた。彼は翌日訪れた秘書の原田《はらだ》熊雄《くまお》に向って「昨夜近衛の放送を聴いたが、声はいいし非常によかった。しかし内容はパラドックスに充ちていて、自分には少しも判らなかった。うまくやってくれればいいが」と語った。近衛内閣の成立に当って元老西園寺は、近衛の登場に批判的ではあったが、重臣会議の結果をもって興津《おきつ》に来訪した松平康昌《まつだいらやすまさ》内大臣秘書官長に対し「自分は老齢でもあり、この間中病気していて、世の中のことが的確には判らない。その自分が判ったふりをして、賛成して見たり御下問にお答えしたりして、材料を与えるのは、却《かえ》って忠節を欠く所以《ゆえん》だから、この奉答は御免蒙りたい」と答えて、近衛について何もいわなかった。かつて自分の後継者として期待をかけていた近衛に対し、個人的には「うまくやってくれればいいが」といいつつも、あくまで反枢軸、親英米を外交路線とし、リベラルな姿勢を失わなかった西園寺は、近衛のもっていた「革新」的姿勢には批判的であったのである。この年一一月二四日、西園寺は彼の期待していた自由主義が世の中から完全にといっていいほど一掃され、そして彼が最も避けたいと考えていた日米の衝突が、一歩一歩近づくのを憂慮しながらこの世を去ったのであった。九十二歳であった。

すでに多くの政党人がかつてのように議会主義擁護の声をあげず、むしろ新しい事態に適応しようとしていた中で、依然議会主義を標榜していた少数者の一人鳩山一郎《はとやまいちろう》がこの放送を聞いたかどうかはっきりしない。だが、軽井沢にいた鳩山はこの月一日に、ジャーナリストの山浦貫一《やまうらかんいち》から米内光政《よないみつまさ》内閣総辞職が近く、近衛が次の首相となって新党を組織しはじめる形勢だから至急上京するようにとの連絡を受け、「近衛により内閣が自由の立場に立って政策の実行出来得べしとは考えられず、陸軍が倒すとの事故《ことゆえ》、陸軍が更《さら》に指導的地位を継続すべく、かゝる渦中に投じて只其日《ただその》〳〵を送る事を欲せ」ずとして上京しないことに決した旨を日記に書き留めた。さらに七月一六日の米内内閣総辞職の報に「陸軍の一部により倒さる。変態は何時迄《まで》つゞくか？」と書き記している。鳩山も近衛内閣の登場を冷やかに迎えた一人であり、しばらくのちの一〇月一五日には「近衛に日本を引き廻されては堪えきれない」とまで日記に書くほど批判的になっているのである。

しかし西園寺や鳩山のような第二次近衛内閣の迎え方は全くの少数派であった。近衛新党を待望していた既成政党の主流も、新党のリーダーシップをねらっていた社会大衆党も、「革新」派の官僚や運動家も、そして何よりも軍部が、近衛内閣の登場を歓迎した。また観念右翼や「現状維持」派も多くは警戒はしながらも、近衛しかないとして好意的に評価した。

近衛と陸軍

近衛は後年そのことについていろいろ弁明しているが、近衛の再登場の重要な推進者は明らかに陸軍であった。七月一七日の重臣会議で、木戸幸一《きどこういち》内大臣は米内内閣の退陣について説明し、「陸軍は此《この》変転極《きわま》りなき世界情勢に対応して遺憾なき外交政策を行うには現内閣にては不充分なりとて、独伊との政治的接近等の意向をも示したる様子なり」とのべた。すなわち、木戸は陸軍がドイツの電撃作戦による大勝利を得たのに即応して独伊との提携強化、つまり軍事同盟の締結による日本の枢軸陣営へのより一層のコミットを要請しただけではなく、「内政についても政府は国民と離反し諸施策満足なる成果を挙げ得ず、政治体制の強化を為すに非《あら》ざれば、此の時局に対応する能《あた》わずと云《い》うにあり」として、陸軍が新体制に期待していることを説明した。

これに対し、若槻礼次郎《わかつきれいじろう》が近衛以外になしといい、原嘉道《はらよしみち》、平沼騏一郎《ひらぬまきいちろう》、林銑十郎《はやしせんじゅうろう》、岡田啓介《おかだけいすけ》が賛成している。近衛は、木戸の報告からして、「此《こ》の際《さい》時局を担当する者は軍の事情に精通し、充分諒解のある者ならざるべからず。自分は其《そ》の力もなく、又準備もないので誰かそう云《い》う人を選定せられたし」と発言したが、木戸は「軍首脳部方面の意向は近衛公の出馬を希望せるは圧倒的なるやに聴き及び、陸軍の今回の行動も其の底には近衛公の蹶起《けっき》を予定せりと解すべき節あり。他に適任者ありとも思われず。是非公の奮起を希望す」とおしかぶせるようにのべ、平沼、広田弘毅《ひろたこうき》らの発言ののち、木戸は再び「大体御意向は近衛公に一致して居る」との判断を示して、この会議を閉じている。このように米内に代り新しい情勢に対応して陸軍の希望する政策を実現しうる人物として、近衛は登場してきたのである。

これよりさき六月一〇日夜、政友会中立派金光庸夫《かねみつつねお》が星ケ岡茶寮で武藤章《むとうあきら》軍務局長と会見した（『現代史資料44』）際、武藤は「近衛公の出馬、新党の結成には軍を挙げて賛成にして、自分等は是非ともこれが実現するよう蔭乍《かげなが》ら援助致《いた》したき考なり」とのべ、金光が「軍に於《お》いて他に首相候補者を考慮されつつあるやの噂あるが事実なりや」と反問したのに対し、「イヤそれは近衛公がどうしても出馬されざる場合に考えて置かねばならぬと云《い》った程度の自分の放談が誤り伝えられているのであって、軍としては近衛公以外に考慮していないし、又自分としても、今日国の内外に信望ある人は他になしとの堅い信念を持っている故に、他に考えるが如きことは絶対になし」「近衛公の出馬を遮二《しやに》無二《むに》希望する以外に他意なし」と答えている。

金光は「然《しか》らば貴下の熱意を一日も速《すみや》かに近衛公へ伝えられては如何《いかん》」といい、武藤は「新聞記者が大分張っているそうだから却《かえ》って迷惑ではなかろうか。ソレより軍の熱意を私信として差上げようかとも考えている」と答えているが、実際に私信を出したかどうかわからない。武藤らと近衛の間に密接な連絡ルートがあったわけではないらしい。これについては武藤の部下で内政班長をしていた牧達夫《まきたつお》も、連絡ルートがなくて困ったと回想している（『牧達夫氏談話速記録』）。

近衛がこうした陸軍の動きを知らなかったはずはない。しかし、昭和一二年から一四年の第一次内閣を通じて軍にしばしば苦汁をのまされた近衛が、陸軍のロボットになってもいいと考えていたわけではないだろう。個人的な関係からいえば、近衛はこの時期の陸軍首脳部よりはむしろ皇道派の将軍たちと近かった。ここで考えられることは、彼の「先手論」である。近衛がしばしば使った「先手」とは、時として陸軍に対する宥和政策のことであった。しかしそれはまた同時に、陸軍の志向している「革新」的政策を先取りすることによって、陸軍から主導権を奪回するという意味もこめられていた。この時近衛が組閣を引受けたのには、主導権奪回の好機だという判断があったのではないかと思われる。そしてそのようにして陸軍をリードしていくために「新党」が必要とされたのだとすると、近衛が後年、翼賛会は軍をおさえるためのものだったと弁解しているのは、必ずしも「ウソ」ではなかったのである。

近衛はしばしばその弱い性格を云々《うんぬん》された。宇垣一成《うがきかずしげ》は近衛の伝記を書いた矢部貞治《やべていじ》に、「近衛公は聡明で気持がよいが、知恵が余って胆力と決断力がなかった。知恵は人から借りられるが、度胸は人から借りられない」と語ったという。近衛自身もその事を意識していた。だからこそ近衛がつよいものにあこがれていたということもいえるのである。昭和一三年に社会大衆党の西尾末広《にしおすえひろ》議員が近衛に対して「もっと大胆に、日本の進むべき道はこれであると、ムッソリーニの如《ごと》く、ヒットラーの如く、或《あるい》はスターリンの如く、大胆に日本の進むべき道を進むべきであります」と激励し、そのスターリンの一語によって議員を除名されたが、近衛が、昭和一二年四月、次女温子の結婚前日自宅で催された仮装パーティの際ヒットラーの仮装をつけたというのは、極めて興味深いエピソードといわねばならぬだろう。

世界情勢の変局に際し、あらゆる国内の政治的諸勢力を結集することによって国内の革新を達成し、国際政治における主導権をヒットラーやルーズベルトやスターリンらと分有する指導者たらんとする野心が、いくぶんかでも近衛の心中にあったと考えることは自然ではないだろうか。

天皇への「意見書」にみる近衛の見通し

近衛がその際どういう見通しをもっていたかが本書の主題の一つとなるのであるが、ここでは、近衛が組閣後に木戸内大臣を通じて天皇の内覧《ないらん》に供した意見書をとり上げてみよう。

愛用のクライスラーに乗車し、宮中に向う近衛文麿　米内内閣総辞職の翌日、1940年7月17日

『木戸幸一日記』によると、木戸は昭和一五年八月一六日に近衛から意見書をみせられ読んだところ自分と意見の異るところがあり、近衛も同意してその部分を訂正するため持ち帰った。そして八月二七日に近衛は天皇に新体制に関する声明文案を内奏し、かつさきの意見書を木戸にわたして天皇の内覧に供するよう依頼した。木戸は八月三〇日にこれを天皇の内覧に供し、天皇御覧後御下渡しを受け侍従《じじゅう》に手交して保管を依頼している。従ってこの意見書は多分今日も侍従職に保管されているものと思われる。

陽明文庫所蔵の近衛文麿関係文書中にもこれに相当すると思われる文書がのこされている。『木戸幸一日記』の記述のどの段階のものであるかはっきりしないが、いずれにせよその控と思われるものである。ちなみに、この意見書ないしその草稿は、「新体制に関する声明文案」とともに、当時東京帝国大学法学部教授で、この前後の時期、近衛のブレーンの一人であった矢部貞治が起草したものであった。矢部はそれが天皇へ提出される意見書とは思わなかったらしい。戦後になって教授をやめた矢部は近衛の伝記編纂の仕事を委嘱された。この編纂過程で、当時はまだ未公刊であった「木戸幸一日記」を木戸家から借り出して読んでいた彼は、昭和二二年三月一二日に、木戸の八月二七日前後の日記を読み、その日の自分自身の日記――これも『矢部貞治日記』として昭和四九年に公刊された――に「僕の書いたものが、こういう運命に会っているとは、今初めて知った」と記したのであった。

ところで、この意見書の内容を陽明文庫のものでみていこう。この文書は三節に分けられている。その第一は「憲法の運用について」である。憲法に「妄《みだ》りに改変紛更を試むるは、断じて許されざるところ」であるが、しかし「法も亦《また》進化発展の理法を免れざるところ」である。「帝国憲法は、建国の精神を基礎として制定せられたるもの」であるが、国体法に属する部分には「その時代の欧州諸国の政体法より摂取せられ」たものも存在する。この部分こそが時代の進展にともなってその運用を考慮せらるべき部分である。起草当時の欧州諸国の憲法は、いわゆる自由主義的立憲国家の憲法であり、その社会的経済的に意味するところは「勃興《ぼっこう》期に在りし資本主義の担い手たるいわゆる第三階級の要求を表現したもの」という点にあり、「有産階級のための『夜警国家』にほかならない。

ところが資本主義はその発達とともに「所謂《いわゆる》独占化の段階に到達し、自由貿易は止んで、資本主義国家間に所謂帝国主義的対立と闘争を激化し、国内にも共存共栄の時代は去りて、凡《あら》ゆる領域に階級的対立と闘争を尖鋭化するに至った」。そしてまた同時に議会政治、選挙、政党等の諸政治原理が、「著しく階級的なる道具」と変じ、立憲政治は金権政治と同一視せらるるに至った。

そこで一九世紀の終りから世界的傾向として「国家は益々政治経済生活の凡ゆる領域に干渉せざるを得」なくなり、また「自由放任の経済に全体的公益の立場より統制を行わざるを得ざるに至り」、そしてそのために「権力分立、牽制均衡を棄てて、寧《むし》ろ強力なる国家権力の集中を図り、その集中的政治機関として執行権を強化し、為めに議会は政治の中枢より後退するの已《や》むなきに至って居る」。この傾向は「近代戦の特色と致しましての国家総力戦の要請によるいわゆる国防国家体制の必要から」今日ますますつよめられている。この半世紀間、欧州各国は憲法改正ないし運用によってこうした傾向に順応しており、これが一番はっきりしているのがいわゆる全体主義国家である。

帝国憲法の場合においても「政体法の組織及び運用におきましては、著しく分立主義、均衡主義の要素」が存在し、日本もまた前述のような政治体制の強化をどこの国よりも必要とする今日、「憲法改正のことを申しまするは憚《はばか》りがありまするが、少くとも時代の進運に応じて、憲法の運用につき考慮せらるることは、切望に堪《た》えざるところ」であり、必要ならば、八、一四、三一、七〇条等を「適宜に活用すべき」ものとも考えられる。

これが近衛の意見書の第一節である。明治憲法の改正ないし運用の変更つまり執行権力の集中、もっといえば天皇輔弼《ほひつ》者の一元化であり、これは明治憲法の一大変革ともいうべきものであった。彼がその利用を指摘している帝国憲法第八条は緊急勅令、一四条は戒厳令、三一条は戦時における国民の権利義務の制限、七〇条は緊急時の勅令による財政処分に関する規定であった。これらの規定の運用によって執行権力の強化を図ろうというものであった。

次に、第二の「外交方策について」で近衛はこうのべている。まず「現代の如《ごと》き動乱の時代におきましては、かかる受動的態度を以《もっ》ては、東亜の安定勢力たる帝国の任務は、到底之《これ》を有効に遂行致し得ず、寧《むし》ろ進んで帝国の世界政策を確立し、来るべき世界秩序の建設に指導的役割を演ずべきことが、必要である」。日本が今日追求している「東亜新秩序の理念は、現に進行中の欧州戦争と相俟《あいま》ちまして、現行世界秩序たるヴェルサイユ体制乃至《ないし》ワシントン体制に代り、世界新秩序の模型たるべき世界史的意義を有する」のである。

ブロック化の傾向はモンロー主義のアメリカ、ソ連、統一に向いつつあるヨーロッパを形成しつつあるが、日本も東洋を解放し一つのブロックつまり東亜自主圏を形成しなければならない。日本の自主外交への要求と経済的基礎の英米依存というジレンマを解決すべく「一度血路を開」くには、「世界全体に亙《わた》る一大転換期たる現在を措《お》いて、再び来るべしとも思われない」。そのためには、ドイツ・イタリアとの緊密なる提携が必要であり、それによってソ連の脅威は減少するに至るだろう――というものである。今や日本はこの世界的大動乱を通じて世界の新しい秩序形成のリーダーたるべしと近衛は主張しているのである。

第三の「財政経済について」では、政治体制強化と統制経済体制の整備は補完関係にあり、統制経済の確立の「この傾向は、現代の戦時体制乃至高度国防国家体制におきましては、絶対的な要請にまで高められているのであります」とのべている。

近衛新体制は、こうした全体的な政治外交経済における見通しの中ですすめられたものであった。明治維新以来諸列強支配下の世界で何とか力をたくわえてきた日本が、世界史の舞台に大きく飛躍しようとする――これは日本の長年にわたる「夢」であったともいえよう。

第一部　近衛新党運動〈昭和一三年〉

第一章　さまざまな「復古─革新」派

歴史叙述の視点

私は昭和一五年（一九四〇）を中心に展開された近衛新体制運動を理解するためには、昭和初期つまり満州事変前後の時期、さらには第一次大戦後の大正中期にまでさかのぼらなければならないと思っている。なぜならば、この運動を推進した人びとの多くが大正中期から昭和初期に新しい時代の脚光を浴びて「新人」として登場したからである。

そして以下の叙述を理解していただくための前提として若干の用語の説明をしておきたい。私はかねてから、大正中期、昭和戦前期の政治史の見方として、次のような図式を用いている。

「進歩（欧化）─復古（反動）」という座標軸は一般によく用いられているといってよいだろう。つまり欧米先進国と同じような文化・文明をめざすこと（「近代化」）を日本にとって第一義的に重要な課題と考える「進歩」派と、近代化を否定するわけではないが、近代化の進展が日本をして日本たらしめているもの（「国体」）を崩壊させていくという危機感をもち、「国体」を基本的価値として、「近代化」のあり方を批判する「復古」派の対立という見方である。

　ところが大正中期以降の諸現象はこの座標軸だけでは説明出来なくなる。明治維新以来の体制全体を「進歩」的な傾向あるいは「復古」的な傾向をもったものと考えるにせよ、根底的にそれを「改造」し、「革命」し、「革新」していこうという方向性をもった政治動向が次第に表面化してくるようになった。そして、このようなラディカルな改革志向をもつものを「破壊分子」＝「赤」として攻撃する穏健派は「現状維持」派と目されることになった。このような対抗関係を組入れるため私は「革新（破壊）—漸進（現状維持）」の座標軸を設けたのである。

　この二つの座標軸によって諸政治集団の相互関係を整理し、時代的変化をよりわかりやすくしようというわけである。その時代的変化について大ざっぱにのべると、大正中期にめばえた「復古—革新」派は昭和五年のロンドン海軍軍縮問題をめぐる政治抗争の中で確立し（拙著『昭和初期政治史研究』を参照）、満州事変以後この「復古—革新」派は急速に膨脹していった。他方それ以外の部分は次第に収縮していって、全体として「現状維持」派と目されるようになっていく。「復古—革

新」派が膨脹したのは、多くは、他の部分からの流入によるもので、これが「転向」といわれる現象である。力を増大した「復古―革新」派は、おおむね二・二六事件―日中戦争の開始前後から、より「復古」色のつよい「復古」派と、より「革新」色のつよい「革新」派とに対立しはじめ、この両者の対抗関係が、「復古―革新」派対「現状維持」派の対立とともに、昭和一〇年代政治史の重要な基調をなすのである。

むろん、それぞれを「派」といったが、それは一体となったものではなく、内部の軋轢《あつれき》抗争が極めてはげしかった。ただここで主題とする新体制については、明らかにその推進力は「革新」派であったことを指摘しておこう。

なおこの時期の歴史叙述において一般にファシズムという用語が用いられている。新体制運動の結実としての大政翼賛会は、例えば「日本ファシズムが体制として成立したことを示す」ものとしてとらえられるというわけである（木坂順一郎「大政翼賛会の成立」『岩波講座　日本歴史20』）。ただ私はファシズムという用語が、歴史分析のために必要な共通の最低限の定義づけをもっていないこと、この用語にはイデオロギーがからみついていて歴史の新しい側面の発見に役立たないこと、近年その内容は歴史的な現実から遊離して、「悪」そのものとほとんど同義語と化しつつあることなどから、この用語を用いない（拙著『昭和期の政治』を参照）。

以下この運動の歴史的背景を、大正中期以降の日本のおかれた複雑で困難な国際的環境の中で、いかなる人びとやグループが、日本の当面していた対内・対外問題をいかに認識し、どのような課題を設定し、どのように行動したか、それが日本の歴史にどのような遺産をのこしていったのかを、出来る限り広範囲の史料にもとづいて叙述していくことにしよう。

「復古―革新」派の誕生

さて、第一次大戦の終った大正八年前後に日本の思想界は、欧米からの新思想の流入と大戦期を通じての日本社会の変動を背景に大きく動きつつあった。その中で「改造」「解放」「革新」「革命」を叫ぶ、つまり資本主義体制、財閥と結びついた政党・官僚を含む旧支配層の支配と、それを支えている腐敗・腐朽したもろもろの旧制度の破壊を主張し、そして個人主義、自由主義、議会主義を超えた革新、維新、革命日本の建設をめざす思想と集団が簇出《そうしゅつ》したのである。私のいう「革新」派の誕生である（拙著『大正期「革新」派の成立』を参照）。

東京帝大の新人会、吉野作造《よしのさくぞう》、福田徳三《ふくだとくぞう》らの黎明会《れいめいかい》、早大の民人同盟会や建設者同盟、中《なか》村《むらた》太八郎《はちろう》らの普選期成同盟会、中野正剛《なかのせいごう》、永井柳太郎《ながいりゅうたろう》らの改造同盟、大川周明《おおかわしゅうめい》らの老壮会・猶存社《ゆうぞんしゃ》、加藤勘十《かとうかんじゅう》、橋本徹馬《はしもとてつま》らの立憲青年党、大杉栄《おおすぎさかえ》らの北風会、労働組合や農民組合の動き、賀川豊彦《かがわとよひこ》の貧民窟での活動、西田天香《にしだてんこう》の一灯園、橘 孝三郎《たちばなこうざぶろう》の兄弟村や武者小路実篤《むしゃのこうじさねあつ》の新しき村等々の動きがそれである。いずれにしてもこれ以前の反政府運動と異って、多かれ少なかれ大衆的・組織的であったり、ないしそうあろうと試みているところに新しさがあった。その指導者の多くは青年で、変革について一般的に極めて楽観的であり、ロマンチックであった。北一輝《きたいっき》の『日本改造法案大綱』も、マルクス主義者の革命綱領もこの同じ土壌、共通の雰囲気の中で生れたものである。これらの集団はさまざまに入りくみ、人びとは諸団体のメンバーとして重複し、あるいは諸団体間を移動していた。

一九三〇年代初頭のロンドン海軍軍縮問題、世界恐慌に発する深刻な経済危機、関東軍による満州占領、総じて一九二〇年代とは異った世界的危機に直面して、ようやく慣行化していた政党内閣は強力にこれを乗り切っていくだけの力がないと見なされはじめ、逆に軍部が新しい状況を切り開くものとして政治の世界においてもクローズアップされはじめた。軍内部をも含め、「復古―革新」派が政治における影響力をつよめていったのであった。

昭和三年の三・一五、四年の四・一六を通じて徹底的な弾圧を受けた日本共産党（彼らはイデオロギーとコミンテルンによる正統化によって、インテリにつよい影響力をもっていた）は次第に勢力を失っていった。日本共産党を含め、「進歩―革新」派ともいうべき社会主義派（一九二〇年代を通じて「革新」派内の主勢力となっていた）から、満州事変後、国中をおおった熱狂的な愛国主義的な雰囲気の中で転向現象があらわれた。すでに共産主義から離脱し、社会民衆党の書記長であった赤松克麿《あかまつかつまろ》は満州事変直前に大川周明らとともに日本社会主義研究所を設立していたが、この研究所の暫定綱領は、

一、我等ハ国家ヲ以テ望見シ得ラルル限リノ人類社会生活ニ必要欠クベカラザル存在ト信ジ、コノ認識前提ノ下ニ日本ノ共同社会ノ一大変革ヲ期ス

一、我等ハ日本伝来ノ天皇制ヲ以テ日本国民最適ノ国家形態ト信ジ、一切ノ経綸ヲ此《こ》ノ前提ノ下ニ行ワントス

……

一、我等ハ生産手段ノ私有ヲ基礎トスル資本主義ノ無政府経済制ヲ以テ我国民ノ生活ヲ圧殺スルモノト認メ、出来得ル丈《だ》ケ急速ニコレガ撤廃ヲ期ス

一、我等ハ現日本国民大多数者生活ノ窮乏ヲ救済スルハ生産手段ノ国有並ビニ国家ニヨル集中的計画経済ノ施行ノ外ニ途ナキモノト信ジ、アラユル手段ヲ尽シテ之《これ》ガ実現ヲ期ス

……

一、我等ハ凡《あら》ユル国民ハソノ生産資源ニ於《お》イテ包有人口ヲ基礎トセル平等ノ権利ヲ有スベキモノト信ジ、コノ包有人口ニ顧ミテ過分ノ土地及資源ヲ占有セル国民ハ他ノアラユル資源過少国民ニ対シテソノ門戸ヲ開放スベキコトヲ要求ス

……

といった諸項目をもっていた。

赤松克麿の国家社会主義

赤松は自己の主張を国民社会主義と称していたが、社会民衆党を全体としてその方向に導こうとしていた。昭和七年一月号の日本社会主義研究所の機関誌『日本社会主義』に赤松は文章を書いているが、その中で全国労農大衆党の代議士松谷与二郎《まつたによじろう》（彼もやがて党をはなれ、七年八月に新日本建設同盟、のち勤労日本党を結成した）が満州事変後に満州視察をして、満蒙の権益は擁護すべしとする意見を発表したことをとり上げている。そこで赤松は「世界革命が同時的に起らず、各国国民経済の障壁が容易に撤廃されず、各国民間の生存闘争が厳存し、しかして社会主義革命が国民的対立のままに一国ずつ実現して行くべき必至的運命にある世界状勢下にあって、若《も》し日本が気前よく満蒙権益を放棄したらどうなるか。その権益は空しく支那軍閥の餌食となり、更《さら》に進んでは赤色帝国主義の魔手に掠《かす》められるに相異ない。その結果、日本の資本主義が急速に没落するかというに、そう簡単にもいえない。もしかすると、日本はスペイン、ポルトガル、オランダのような三流資本主義国家に落ちぶれて、日本の無産大衆の生活は益々窮迫化するかも知れない。若しかりに日本資本主義が没落して社会主義国家が生れたとしても、貧弱なる資源と過剰なる人口の上に、国民生活を約束する輝しき社会主義国家が建設されそうにもない。豊富なる資源を独占するロシアと支那とアメリカは、貧しき日本社会主義国家を指《し》〔嗤〕笑《しょう》するであろう。松谷君が『満蒙放棄論の如きは、全く学者の机上の空論と云《い》わざるを得ない』と決めつけたのは当然である」と主張した。

他方日本最初の教員組合啓明会の組織者で、自由主義教育の鼓吹者であった下中弥三郎《しもなかやさぶろう》や、アナキズムの系譜をひく日本労働組合総連合の会長坂本孝三郎《さかもとこうざぶろう》（総連合は少し前までは全国労農大衆党を支持していた。またこの幹部には第一次日本共産党の幹部であった近藤栄蔵もいた）らが、国家社会主義新党の結成を計画しており、赤松はこれと連絡をとっていた。さらに赤松は全国労農大衆党内の望月源治、今村等、安芸盛《あきさかん》、藤岡文六といった全国労働組合同盟の幹部とのつながりをもち、これら全体を含めた国家社会主義の一大新党結成を

赤松克麿

企図していたのである。

昭和七年一月、下中らは天野《あまの》辰夫《たつお》、中谷武世《なかたにたけよ》らの愛国勤労党、日本村治派同盟、北や大川とともに猶存社の中心の一人であった満川亀太郎《みつかわかめたろう》や、かつては社会主義同盟の一員であった佐々井一晁《ささいかずあきら》らの経済問題研究会などとともに日本国民社会党準備会を結成した。この会の綱領は、

一、我党は行動的国民運動に依《よ》り天皇政治の徹底を期す
二、我党は日本国内に於《お》ける反資本主義統制経済の実現を期す
三、我党は人種平等資本衡平の原則の上に新世界秩序の創建を期す

というものであった。

四月に開かれた社会民衆党中央委員会で赤松派の方針案が小差で敗れたので、赤松派は脱党して、この準備会に合流し、五月二九日には国民日本党結成大会が開かれるということになった。

ところがその大会の直前になって、主として役員問題をめぐって赤松派は準備会から分裂し、双方とも前掲の綱領とほぼ同じものをかかげながら、赤松らは全国労農大衆党脱党組とともに日本国家社会党を、下中らは新日本国民同盟を結成するに至った。綱領からもうかが

えるように両者ともに満州事変に積極的な支持をあたえ、これに躊躇する「現状維持勢力」——元老・重臣・財閥・既成政党・軍閥をはげしく攻撃し、国民的な勢力と軍の「革新」派による政権をめざしたのである。

佐野、鍋山ら共産主義者の転向

こうした風潮は共産主義者をも例外としなかった。特高のはげしい弾圧で中心的な指導者を失っていたにもかかわらず、三二テーゼのもとにくり返し中央部を再建し、天皇制打倒に突進し、共産革命をめざす彼らの姿は「英雄的」であった。少数者になりコミンテルンからの資金ルートを失った彼らは昭和七年一〇月に川崎第百銀行大森支店を襲うピストル強盗事件をおこし人びとを驚愕させた。さらに同月、熱海事件で幹部の多くを失っている。

この強盗事件も一つのキッカケとなって、翌八年六月、獄中にあった党の最高幹部佐野《さの》学《まなぶ》、鍋山貞親《なべやまさだちか》が転向声明を発した。コミンテルンというよりもむしろソ連共産党の指導に疑問をいだき、とりわけ天皇制打倒のスローガンが国民に受容される余地のあまりにも少いことを痛感していた彼らは、コミンテルンと絶縁し、一国社会主義を主張した。

彼らは六月八日付で「共同被告同志に告ぐる書」を発表したが、その中で上記のような主張を展開し、さらに、コミンテルンは日本共産党に「戦争反対特に敗戦主義」を課しているが、それもまた、「不可避に迫る戦争には勝たざるべからずと決意し之を必然に国内改革に結合せんとしている」大衆の胸にうったええないだけでなく、「支那国民党軍閥に対する戦争は客観的にはむしろ進歩的意義をもっている。また現在の国際情勢の下において米国と戦争の場合、それは双互の帝国主義戦争から日本側の国民的解放戦争に急速に転化し得る。更に太平洋における世界戦争は後進アジアの勤労人民を欧米資本の抑圧から解放する世界史的進歩戦争に転化し得る」と、満州事変を積極的にとらえるのみならず、日米戦争をも予言し、また「我々は日本、朝鮮、台湾のみならず、満州、支那本部をも含んだ一個の巨大な社会主義国家の成立をめざす」とものべている。

これに対し日本共産党は彼らを除名し、「天皇主義的ファシスト、没落転向者、佐野、鍋山一派を革命的粉砕の血祭りにあげよ」とよびかけ、ありとあらゆる罵言を浴せかけたが、昭和四年の水野《みずの》成夫《しげお》、南喜一《みなみきいち》らの第一次集団転向が小規模だったのとは違って、転向はなだれのようにひろがっていった。司法省の調査によると、昭和八年七月末までの五〇日にみたぬ間に、共産党関係の未決一三七〇名中四五〇名、既決三九三名中の一三三名、計五八三名が転向したという。以後も転向はつづき、新体制期の地方や中央の活動家に彼らの名前を見出すことになる。

日本共産党自体もこのあと宮本顕治《みやもとけんじ》らのいわゆる〝スパイ容疑者のリンチ殺人事件（スパイ査問事件）〟等で、もはや一にぎりになった組織の幹部を失い、昭和一〇年までには組織的な活動を停止するに至ったのである。

政党や官僚の中の「復古—革新」派

左翼から「復古—革新」派への転向はむろん上述の事例だけではなかった。さらに左翼からだけではなく、既成政党内部からもその動きがみられた。一つの代表的事例は中野正剛の場合であった。民政党内のリベラル派と目されていた彼が第二次若槻内閣の末期に政友会、民政党の協力内閣運動に失敗して民政党を出たあと、ソーシアル・ナショナリズムを主張し、協力内閣運動のリーダーだった安達謙蔵《あだちけんぞう》をかついで国民同盟を結成したのは昭和七年一二月のことであった。

国民同盟は人種平等、資源公開の原則、ブロック経済、国家経済統制を主張しており、黒サージで両胸ポケット、バンド付きの制服をつけたが、これはファッショを模したものであった。その後中野は昭和一〇年一二月に国民同盟を脱党し、翌年政治結社東方会を結成した。東方会は「正義国際の建設により国民生活の活路を開拓すべし、国際非常時の克服に傾注し、全国民均等の努力と犠牲とに愬《うった》うべし、政治によりて広義国防を担任し、軍部をして安んじて狭義国防に専念せしむべし、生産力の急速なる拡大強化を目標として統制経済の動向を是正すべし、全体主義に則り、階級的特権と階級闘争とを排除すべし、農民、労働者、中小商工業者、俸給勤労者の生活を保障し、国家活力の源泉を涵養《かんよう》すべし」とする綱領をもち、代議士一一、木村武雄の山形農民同盟、大石大《おおいしまさる》の土佐農民総組合、杉浦武雄の三河東方会を含む一万人余の会員を組織していた。

「復古―革新」派は官僚の中にも広まりつつあった。その一つの典型が国維会《こくいかい》である。猶存社の同人であった安岡正篤《やすおかまさひろ》が、貴族院議員で「革新」貴族の一人であった酒井忠正《さかいただまさ》、内務官僚の後藤文夫《ごとうふみお》らの後援で東洋思想研究所を創設したのが大正一二年(一九二三)であり、彼はさらに昭和二年には塾風教育をめざして金鶏学院《きんけいがくいん》を創立した。この金鶏学院は極めて「復古」色の濃厚な塾であり、大正中期以降の社会主義の勃興に対し直接的な対抗を企図したものではなく、明治以降の「近代化」によって喪われつつある東洋思想を復興、教育することを通じて中核的人材を養成しようという姿勢をもっていた。安岡らの講義には内務官僚や軍人が聴講に来ていた。

この安岡の支持者が中心となって昭和七年一月に国維会が結成されたのである。この会の「趣旨」は、まず国際・国内情勢の行きづまりを指摘し、「今にして断然、在来因循《いんじゅん》の風を排除せずんば遂に収拾すべからざる禍乱に陥らん。不肖等、此《こ》の情勢を坐視するに忍びず、自ら揣らずして奮然身を挺し、至公血誠の同志を連ね、敢《あえ》て共産主義インターナショナルの横行を擅《ほしいまま》にせしめず、排他的ショーヴィニズムの跋扈《ばっこ》を漫にせしめず、日本精神に依《よ》って内・政教の維新を図り、外・善隣の誼を修め、以て真個の国際昭和を実行せんことを期す」とのべている。理事として岡部長景《おかべながかげ》、近衛文麿、酒井忠正らの「革新」華族と、大島辰次郎、吉田茂《よしだしげる》、松本学《まつもとがく》、後藤文夫、香坂昌康《こうさかまさやす》らの内務省の新官僚が名をつらねた。

この会は、昭和七年五月の斎藤実《さいとうまこと》内閣の成立とともに、後藤が農林大臣に就任し、前内閣から留任した荒木貞夫《あらきさだお》陸相（彼もこの会の理事であった）と結んで、内閣における「新勢力」として登場した。その後昭和九年の岡田内閣成立に当って後藤および河田烈《かわだいさお》（大蔵官僚、彼もメンバーであった）が組閣の中心となり、閣僚や各省の重要ポストにこの会のメンバーが多く就任したことから「新官僚」の擡頭《たいとう》として注目されるに至った。

彼らが内閣の一角を占め、内務・農林等々の省の官僚を組織していたこと、従来彼らが育成してきた青年団、壮年団、それに後藤が農林大臣として力をそそいだ産業組合（石黒忠篤《いしぐろただあつ》、小平権一《こだいらごんいち》らの農林官僚や千石興太郎《せんごくこうたろう》らの産業組合リーダー）が急速に拡大したことなどが、このグループの力を隠然たるものにしていた。また松本学をはじめこのグループのメンバーが組織していた日本産業労働倶楽部（日本主義労働組合の連合体）を含む日本文化連盟の組織も注目すべきものであった。

内閣調査局の設置

ところで国維会の中心メンバーの一人吉田茂が長官となって昭和一〇年五月に設置された内閣調査局（「諸政の根本的更新を企画し基本国策を設定する」ことを使命として、各界の長老クラスを委員として設置された内閣審議会の事務局を兼ねる内閣の国策調査機関）は、国維会のメンバーをも含む若手の改革の理想にもえた新官僚の結集体として重要な役割を果した。資源局総務部長から主席調査官となった松井春生《まついはるお》は「でき上がった局の気分としては、むしろ実質上の内閣をつくり上げてどんどん断行しようじゃないかという要望が満ちておった」とその改革への熱気にみちた状況を回想している（吉田茂伝記刊行編輯委員会編『吉田茂』）。また専門委員の一人として協調会から入った勝間田清一《かつまたせいいち》も「いずれにしても当時は農村不況、経済不況というものが、つまり日本の資本主義の行き詰まりがあって、それ自体を変革しなければダメだと考える者がある。一方には満州事変、日シ事変という軍事的、ファシズムによって事態を解決しようというものがある。この二つがからみ合って、その中でいわゆる革新官僚、軍官僚というか国家革新を目ざす青年将校が同居して異様な革新気分をつくっていた。そういうところへ吉田さんが現われ、内閣調査局を引っぱって行くんだが、あの方は実に幅の広い方で、右翼も左翼も軍人も官僚も、どんらんといっていいくらいに取り込んだ方でしたよ」（読売新聞社『昭和史の天皇17』）とのべている。

同じく大毎の記者から専門委員の一人となった正木千冬《まさきちふゆ》も「局全体として一貫したものはないといいながら、……資本主義的自由主義の弊害を認め、強度の統制経済主義に傾き、これを実現するための政治機構として、各省を整理併合して行政を簡素化するとともに、内閣中枢部の指導力企画力を強化し、強力政治を行なおうとするもののごとくでありました。そしてこの統制主義の中にもいろいろのニュアンスがあって、あるものは今のままの統制の強化でいけると信じ、あるものは資本の国家管理・国有形態を考えておりました。こういう革新的空気が、左翼主義および左翼主義者とどういう関連を生じたかと申しますと、調査局がマルクス主義理論を容認するというごときは絶対にありませんが、資本主義の対立物として左翼側の批判および批判的精神に同情的であったといえます」（同上）と回想している。

調査官には陸海軍からも任命されたが、陸軍側からは鈴木貞一《すずきていいち》大佐が選ばれた。鈴木は以前から新官僚との交流が深く、安倍源基《あべげんき》、岸信介《きしのぶすけ》、青木一男《あおきかずお》、富田健治《とみたけんじ》、大橋忠一《おおはしちゅういち》らがそうであったという。この人びともいずれ、調査局の後身の企画院などに名をつらねることとなる。なおここに名前の出てくる岸信介は商工省内の俊秀として、産業合理化、重要産業統制法等の推進立案に当り、統制経済をめざしていた。また満州経営にも深い関心をもち、やがて実業部次長として渡満する（『岸信介の回想』）。

ところで調査局内では各種の改革案がねられたが、貴族院改革、華族制度廃止、電力統制、地方交付税制度、教育改革、農地問題の解決、社会保険省設立などが立案され、そのうちいくつかのものは現実に政策として結実している。

昭和研究会の創立

ところで、上述の新官僚らの動きとも関連して、昭和八年前後に組織された政策研究集団、昭和研究会と国策研究会にもふれておく必要があるだろう。

昭和研究会は昭和八年に後藤隆之助《ごとうりゅうのすけ》が新渡戸稲造《にとべいなぞう》、志賀直方《しがなおかた》、近衛文麿らと相図り東京帝大教授蠟山政道《ろうやままさみち》を指導者として一〇月に後藤隆之助事務所を設け、これを中心としていくつかの研究会をスタートさせたことではじまっている。昭和七年に欧米を視察した後藤は、激変する日本をめぐる国際国内情勢の下で、もはや現在の政党では乗り切れない、政治経済をはじめとする日本を再出発させるための国策を研究しなければならぬと考えていたのである。当時からいずれ首相になるであろうと考えられていた近衛が、実際に内閣を組織した際の政策を準備しようということが会の中心になった人びとの気持であった。

当初、近衛、後藤、蠟山のほか大蔵官僚の井川忠雄、青年団本部にいた酒井三郎らが出席し、各部門の専門家をよんで話を聞くということからはじまっている。第一回は昭和八年一〇月九日の国防・外交の会で、米田実、芦田均《あしだひとし》、稲原勝治、海軍の石川信吾《いしかわしんご》、陸軍の鈴木貞一が招かれて話をした。教育問題、社会大衆党の政策、財政問題、支那問題、外交問題、金融問題、行政機構改革がつぎつぎととり上げられているが、一二月に時事問題懇談会が開かれ、昭和研究会と名づけられて、これがのちに全体の会の名称となる。この会では蠟山の起草した「昭和国策要綱」草案の審議を行なった。

昭和一〇年に入ると、大蔵公望《おおくらきんもち》、井川忠雄、松井春生、蠟山政道、後藤隆之助、佐々弘雄《さっさひろお》、高橋亀吉《たかはしかめきち》、酒井三郎らが中心になって会を公然化し、根本方針を、「一、現行憲法の範囲内で国内改革をする。二、既成政党を排撃する。三、ファシズムに反対する」と定めた。事務局も酒井三郎のほか、高橋亀吉の経済研究所の岩崎英恭《いわさきひでやす》、蠟山政道・松本重治《まつもとしげはる》の東京政治経済研究所の谷川興平、そしてついで共産党のオルグとして逮捕され、林房雄《はやしふさお》、宇都宮徳馬《うつのみやとくま》らとともに転向した大山岩雄（岩波文庫のレーニン『ロシアにおける資本主義の発達』の翻訳者の一人）が入って充実し、この年も多くの研究会が開かれた。

翌年の二・二六事件以後一時活動を中止していたらしいが、一一月に入り大規模な改組を行なって、はっきり昭和研究会と名乗った。この時発表された趣意書は次のようなものであった。

最近、世界における日本の経済的、政治的位置は、その根柢より一変した。にも拘《かかわ》らず、右に順応して進化すべき外交、国防、経済、社会、教育、行政等、各分野の制度並に政策は、依然として旧態のままに残れるもの多く、ために、到る所に矛盾、昏迷が現下の国際的重大時期に於《お》いて繰返されつつある。此《こ》の現状を脱却せんがためには、今や朝野の全知能と全経験とが総動員せられねばならぬ。かかる朝野一体の総動員のためには、その礎石として広く官僚、軍部、実業界、学界、評論界等各方面の意志を充分に疏通せしめ、その経験と識見とを打って一丸とし、綜合的協力を以て真の国策樹立に当るべき研究機関の設置を急務とする。之《こ》れ吾人が此度《このたび》昭和研究会を設立せる所以《ゆえん》である。

昭和十一年十一月

常任委員　大蔵公望、唐沢俊樹、後藤文夫、後藤隆之助、佐々弘雄、田島道治、高橋亀

吉、東畑精一、那須皓、野崎龍七、松井春生、山崎靖純、蠟山政道
委員　青木一男、有田八郎、石黒忠篤、今井田清徳、大河内正敏、風見章《かざみあきら》、河上弘一、小日山直登《こひやまなおと》、膳桂之助《ぜんけいのすけ》、瀧正雄、谷口吉彦、津島寿一、津田信吾、暉峻義等《てるおかぎとう》、古野伊之助、三浦銕太郎《みうらてつたろう》、村田省蔵《むらたしょうぞう》、湯沢三千男、吉田茂、吉野信次

昭和研究会の考え方

昭和一〇年八月にこの会は『日本ハ何処ヘ行クカ』という文書を作成し、内容をさらに発展させた同名の文書を一二年三月付で同会事務局名で作成している。この時点での昭和研究会の考え方の中心を示していると思われるので、やや長いが、内容を紹介しておこう。

まずこの文書は日本の人口過剰を問題にする。年に一〇〇万ずつの増加は、移民の門戸が閉されているだけでなく、そもそも移民によっては解決しえない。さらにまた日本は産業の基礎である原料品を外国に仰がなければならない。このような条件の下で日本人の生活を満足させ、さらにこれを向上させていくためには、海外に経済的発展をしなければならず、ところがこの発展とともに国難は増加してくるのである。なぜならば、日本の平和的な経済的進出でさえ、単純な経済問題ではなく政治的解決を要する問題だからである。しかしこれは日本の生存それ自体の問題でやむにやまれぬ民族膨脹の現象であるから、外国側もよく了解し、合理的な捌口《はけぐち》を与うべきものである。従って日本が東亜の安定要素《スタビライジング・ファクター》として、ほか

の安定要素、つまり欧州における英本国、米大陸における北米合衆国とどのような点あるいは線で拮抗もしくは協和しうるかということが今日の重大問題なのである。

　ところで日本のワシントン条約廃棄は、ワシントン体制のきずいた諸原則を承服出来ず、太平洋問題について別な解決方法を欲していることの意思表示をしたものである。日本が安定要素として活動する範囲はおおむね日満支の地域であり、「第一に日本と不可分関係にある満州国が存在していること、第二に日本は欲すると欲せざるとに係〔拘〕らず、支那に経済的に進出せざるを得ないこと、第三に此の支那は国家ならば近代国家とは異っておる特有の国であり、その政情が変転極りないこと、第四に東亜には『ソヴィエット』と言う『イントルーダー』が占拠して居ること、最後に第五として支那には英米が領土保全、門戸開放の主義の下に或種の要求を有《も》って居ること」等の前提に立って、なるべく英米と対立しない、出来る限り了解を得る形で日満支の経済提携――それは同時に「支那」の政治的安定でもなければならない――を実現することが日本の東亜政策の目的でなければならぬ。そして「日満支提携の窮極の理想は此《こ》の三つの国家の提携と言うよりも此三つの国家に住む民族の協和であります。……五族でも六族でも東亜に住む諸族の『ユニオン』であり『コンモンウェルス』であ」らねばならない。

　この議論の中には、後年の昭和研究会のみならず「革新」派の重要な指標である東亜協同体論が形をあらわしており、ワシントン体制の変更の方向性が示されているが、それはいまだ世界的な規模での英米体制――ベルサイユ＝ワシントン体制への明白な挑戦という形をとっていない。昭和研究会は日中戦争開始後、三木清《みききよし》、矢部貞治、笠信太郎《りゅうしんたろう》、佐々弘雄らがリーダーシップをとって、その協同体論や、経済再編成論をもって「近衛新体制」に重要な役割を果すことになるが、これはまたのちにのべることにしよう。

国策研究会

次に昭和研究会とならぶもう一つの大きな政策研究団体、国策研究会についてみていこう。この会の主宰者となったのは矢次一夫《やつぎかずお》である。矢次は若い時代に各地で労働に従事し、北一輝の居候になったり、西田天香の一灯園を訪ねたり、賀川豊彦の貧民窟での事業を訪ねたりしていたが、大正一〇年協調会に入り、のち独立して労働事情調査所を設立した。労働問題を通じて赤松克麿らと知り合い、また赤松の岳父である吉野作造とも懇意となり、昭和七年四月に吉野を中心に水曜会なる組織を作ったという。

矢次によると、吉野は「現在の国家主義運動は、やがて敗退するであろう。しかし、中間社会層の動揺に乗じ、さらに国家機構全体にわたる利害対立の激化に乗じて、もはや単なる政争機関であるに過ぎなくなった既成政党が、政治経済の科学的検討にもとづく、国家的および国際的統制の世界的傾向に対し、全く手も足も出ない現状を好機として、一つには社会運動に残る麻生、松岡等と、国家主義運動に走った赤松、山名等とを再び結びつけ、二つには各有識社会層との連携を作り、かつ拡大して、後の〔全改革団体を打って一丸とした〕第三勢力の結成と発達とを助成する意味における、一箇の有力なる団体を組織しようというのであ」り、それはさらに「日本の政治経済改革研究のセンターであり、国民的ブレーン・トラストたらんことを期したのであ」ったという（『昭和動乱私史』）。

水曜会は昭和八年三月の吉野の死で解散してしまう。同年夏に陸軍省の池田純久《いけだすみひさ》から矢次にはたらきかけがあったらしく、新しい活動がはじめられた。一つは国策研究組織であり、一つは『中央公論』に対抗しうる「復古―革新」的総合雑誌発刊計画であった。後者は成功しなかったが、前者はこの年の暮から打合せ会が、矢次、大蔵公望、添田敬一郎《そえだけいいちろう》、道家斉一郎《どうけせいいちろう》、小野武夫らによって開かれ、翌九年三月二三日に創立総会を開いている。

三月三〇日に開かれた小委員会で決定された改革研究項目は、「一、政治機構の変改、二、経済機構の変改、三、金融財政問題、四、産業問題、五、農政問題、六、社会問題、七、文化政策、八、人口問題、九、対外政策、十、満州問題」であった。以後、美濃部達吉《みのべたつきち》、小野塚喜平次《おのづかきへいじ》を含む専門家の話をききながら改革案の審議をすすめ、かつ会員を増していった。翌一〇年に入って改組し、資金を募集して、問題別の小委員会を開いた。

『大蔵公望日記』には、前年永田鉄山《ながたてつざん》に入会をすすめて「軍人政治不干与の方針にふれるを恐れ、予備軍人中より適任者を推せんすることを約束」されていること、この年の支那問題委員会に影佐禎昭《かげささだあき》軍務局課員・中佐、池田純久軍務局付・中佐などが出席（和知鷹二《わちたかじ》参謀本部員・中佐は欠席）していること、一〇年一〇月二六日に、「矢次氏の話」として「大川氏等が担ぎ居るは近衛公にて、陸軍側は此外《このほか》に河合操《かわいみさお》大将を考えている。此人なら陸軍も統制される予想である。河合、又は近衛を首班とする新内閣は閣員十二名、陸海軍大臣及び外相と首相自身を除き、残り八名の内四名は改革意識にもゆる人を入れ、閣員全体として結局改革を実行し得るようする予定。其の改革側の四名の中には池田中佐の考では余〔大蔵〕も勘定しおる由」と記されていることから、この会と軍の統制派グループとの密接な関係をうかがいえよう。

国策研究会も二・二六事件以後、昭和研究会同様大規模な改組を行ない、一旦解散した上で、池田宏、大蔵公望、瀧正雄、吉野信次、風見章を常任理事、矢次一夫を事務局長として、一二年二月四日改めて創立総会を開いている。その結果財政的基盤も強化され、会員も拡大した。会員には圧倒的に官僚および官僚出身者が多く、ついで学者、既成政党人、実業家、社会運動家などが含まれていた。

以上のべてきたような政界や社会運動の分野における「復古―革新」派化の進行は、前述のように軍部による満州事変の遂行――それは現実に世界的な現状維持に対する挑戦であった――の衝撃によるものであった。

第二章　軍部の中の動き

橋本欣五郎と一〇月事件

次に軍部内の「復古—革新」派化の動きをみていこう。

昭和五年（一九三〇）頃から一一年の二・二六事件までの時期は、一面軍部の実力行使による軍政権樹立計画がくり返し行なわれた時期であった。昭和五年のロンドン海軍軍縮問題は軍部の政党政治に対する危機感をたかめたが、この年の右翼青年佐郷屋留雄《さごやとめお》による浜口雄《はまぐちお》幸《さち》首相狙撃事件はそうした軍部の政党政治に対する反撃の前奏曲のようなものであった。このロンドン海軍軍縮問題のさなかに、陸軍部内に橋本欣五郎《はしもときんごろう》中佐を首領とする青年将校の結社桜会が結成された。

橋本は昭和二年以来トルコ駐在武官をつとめ、昭和五年七月に帰国して、参謀本部第二部第四課第三班（ロシア班）長のポストにあった。トルコ駐在中に研究心酔したケマル・パシャの革命をモデルに、日本で軍事革命をおこそうとする彼は、陸軍省、参謀本部の少壮将校にはたらきかけ、一〇月頃には五〇～六〇名の参加者を得て、青年将校の横断的結社桜会を結成するに至った。採択された綱領は、「本会は国家改造を以《もっ》て終局の目的とし之《これ》がため要すれば武力を行使するも辞せず」、会員は「現役陸軍将校中にて階級は中佐以下国家改造に関心を有し私心なきものに限る」というもので、武力行使をも含む国家改造をめざすことを明らかにした。また綱領・趣意書は、左翼思想を排撃し、政党政治を攻撃し、わが国が対外協調外交をすて対外的に積極的進出を行なうべきだと主張していた。

桜会はむろん公然たる存在ではなかったが、その存在は政界の一部や軍部内で注目された。軍部内では建川美次《たてかわよしつぐ》参謀本部第二部長や小磯国昭《こいそくにあき》軍務局長らもこれを支持していた。また大川周明は橋本の親密な同志であり、大川が媒介となって社会民衆党や全国労農大衆党の一部幹部との交流も行なわれた。

昭和六年の三月事件といわれるクーデター未遂事件がこの桜会の最初の行動であった。大川周明らがデモ等で議会を混乱に陥れ、それをきっかけに軍部の力で戒厳令をしき、浜口内閣を倒して軍政府として陸軍大臣であった宇垣一成《うがきかずしげ》の内閣を樹立するという計画であった。宇垣が関与していたのか、仮に関与していたとしてどの程度であったのか、当時から疑問とされていたが、今日もなおはっきりとした結論が得られていない。とにかく三月初旬にこの計画の実行予定を聞いた宇垣が桜会に同調的な軍上層部を通じてその中止を命じ、大川、橋本らも中止するに至った。軍上層部も関与したこの事件は闇に葬られたが、橋本や大川ら急進分子は初志をすてず、あらたな計画の準備にとりかかったのであった。

同年九月満州事変が勃発した際、彼らは関東軍の行動を掣肘《せいちゅう》する政府およびそれにおさえられていると思われた軍中央部に対し、さまざまなかたちでおどしをかけた。関東軍独立説を流して不拡大方針を牽制したりしたが、また事変遂行の妨害者である第二次若槻内閣を倒して事変遂行のための軍政府を樹立しようという第二のクーデター計画を練りはじめた。

彼らの計画では、一〇月二一日を決行の日とし、将校約一二〇名、歩兵一〇個中隊、機関銃隊二個中隊のほか、大川周明、西田税《にしだみつぎ》、北一輝ら民間人、海軍の抜刀隊一〇名、海軍爆撃機一三機、陸軍機三～四機が参加するはずであった。この人員をもって、閣議中を襲い首相以下を斬殺し、警視庁や報道・通信機関を占領、また陸軍省、参謀本部を包囲して軍幹部を同調させ、不良人物や将校を制裁するつもりであった。こうした上で、東郷平八郎《とうごうへいはちろう》元帥が参内し、荒木貞夫《あらきさだお》中将に大命降下を奏請、荒木が首相兼陸相、建川が外相、橋本が内相、大川が蔵相に親任され、それに橋本の第一の配下長勇《ちょういさむ》少佐が警視総監に任命される、これが彼らの計画の概要であった。

これよりさき、六年三月には大川が中心になって、いわゆる「右翼」団体を結集し、昭和維新をめざす全日本愛国者協同闘争協議会が組織されていたし、八月二五～二六日には、新宿の宝亭および日本青年館で郷詩会と名づけられた陸海民約四〇名の有志の会合が開かれた。出席したのは民間から西田税、井上日召《いのうえにっしょう》、橘孝三郎ら、陸軍からは菅波三郎《すがなみさぶろう》、大岸頼《おおぎしより》好《よし》、野田又男（いずれものちの二・二六事件関係者）、海軍からは藤井斉《ふじいひとし》、三上卓、山岸宏、浜勇治ら（のちの五・一五事件関係者）などで、大川、橋本らのクーデター計画に参加することを決議した。

しかし、このグループ自体の結束は固いものではなかったし、その上、軍中枢部への反撥もあった。橋本らの行動に「不純」さを感じた桜会以外のものは次第にこの計画から離脱していった。計画についての情報も洩れはじめていた。のちにそのことに関し、大川と西田が相互にスパイ呼ばわりをして、五・一五事件の際に西田がテロにあうという始末になる。

一〇月一二日に、橋本を中心とした会合で計画を聞いた田中清大尉が中止を勧告するよう上級者に伝えたことや、橋本自身が杉山元《すぎやまはじめ》次官に同調を要求したことなどから計画が上層部の知るところとなり、一六日、建川美次《たてかわよしつぐ》参謀本部第一部長が橋本をよんで中止を命じた。一旦中止に同意した橋本はその後も荒木貞夫教育総監部本部長に決起を要請したりして、荒木からも中止を勧告されている。この夜金龍亭で最後の打合せが行なわれているという情報で、軍中央部は荒木を説得に行かせるが、不得要領に終り、結局南次郎《みなみじろう》陸相は全員検束を命じた。この事件も公表されず、その処罰は軽微なものに終った。

このいわゆる一〇月事件は、実際に実行する気があったのか、単なるおどしであったのかやや疑問が残る。ただこの関係者は具体的なクーデター計画を再び行なわなかったが、その後も橋本欣五郎を中心に国家改造をめざすグループとして存在しつづけ、軍部内の「清軍」派と称された。橋本は二・二六事件の際、石原莞爾《いしはらかんじ》とともに動き、現役を去って以後は大日本青年党を組織するのである。

五・一五事件と神兵隊事件

翌昭和七年二月九日の夜、井上準之助《いのうえじゅんのすけ》民政党筆頭総務・選挙対策委員長が一青年のピストルに撃たれて死んだ。井上は総選挙の応援演説のため駒本小学校におもむき、車から降り立ったところだった。犯人はその場でとらえられたが、当初この事件の背景は明らかでなかった。しかし一ヵ月足らずのち、三月五日の白昼、こんどは三井銀行から出たところを団琢磨《だんたくま》三井合名理事長がピストルで射殺された。井上を殺したのは小沼正《おぬましょう》、団を殺したのは菱沼五《ひしぬまご》郎《ろう》という青年であった。警視庁はこの二人の背後に、井上日召を指導者とする一群のグループのあることを探知し、つぎつぎに検挙した。検挙されたのは、井上日召と一一人の信奉者であった。彼らは東京帝大、京都帝大、国学院の学生、小学校の訓導、農村青年であった。日召らは、井上、団のほか、元老西園寺《さいおんじ》公望《きんもち》、牧野《まきの》伸顕《のぶあき》内大臣、犬養毅《いぬかいつよし》総理大臣、床次竹二《とこなみたけじ》郎《ろう》鉄相、若槻前首相、幣原喜重郎《しではらきじゅうろう》前外相、三井の池田《いけだ》成彬《しげあき》らの政財界人をつぎつぎと暗殺する予定であった。

前述のように井上日召のグループは郷詩会に集ったグループの一つであった。一〇月事件後、彼らはのちに五・一五事件の中心となった海軍の青年将校とともに決起して一斉テロを計画していたが、海軍グループが上海事変で出征することになったため、単独で決行するに至ったものである。

つづいて昭和七年五月一五日、いわゆる五・一五事件がおこっている。この日官邸にあった犬養首相を襲ったのは海軍の将校と陸軍士官候補生らで、彼らは犬養にピストルを発射して射殺した。このほか数隊が警視庁や牧野伸顕内大臣宅、日本銀行、三菱銀行本店を襲ったが、ほとんど被害はなかった。また夜に入っていくつかの変電所に手榴弾が投げつけられたが（大事に至らなかった）、これは橘孝三郎の愛郷《あいきょう》塾《じゅく》に属する農村青年たちのグループの行動であった。

海軍将校はリーダーの藤井斉《ふじいひとし》が上海事変で戦死したあと、リーダーとなった古賀清志、それに中村義雄、三上卓らを含む六名の中少尉であった。一緒に行動することを期待されていた陸軍の隊付青年将校たちが、荒木貞夫の陸相就任とともに、荒木に期待をかけて時機尚早をとなえ不参加と決した。それにもかかわらず決起に加わったのはより若い陸軍士官候補生一一名であった。

愛郷塾主の橘孝三郎は満州に逃走中で、彼は五・一五事件の当日奉天に着き、同志にまもられて転々としながら七十余日間に一〇〇〇枚の著述『国民共同体王道国家農本建設論』を書き上げて、七月二四日、ハルビン憲兵隊に自首した。

彼らが陸海軍青年将校農民有志の名で当日ばらまいたビラは「国民よ！　天皇の御名に於《お》いて君側の奸を屠れ！　国民の敵たる既成政党と財閥を倒せ！　横暴極まる官権を膺懲《ようちょう》せ

よ！　奸賊特権階級を抹殺せよ！　祖国日本を守れ！　しかして陛下聖明の下建国の精神に帰り、国民自治の大精神に徹して人材を登用し、明朗なる維新日本を建設せよ！」とよびかけていた。

だが事件の計画は粗雑であり、目的は実現出来なかった。しかし彼らが現職の総理を殺害したという事実が、社会の各方面に与えた影響は大きかった。大正期以来の「復古―革新」派の変革への願望が明らかに一つの形をとって表現されたからであった。

この事件以後もしばらく散発的なテロ計画が発生するが、大規模な武力のクーデター計画はみられなかった。彼らが最も敵視していた政党内閣が崩壊し、若干の改革の希望が生じたことや、軍部内の「復古―革新」派と結んだ民間「右翼」団体も、軍部を背景に資金的にも豊富となり、さまざまな合法的形態で運動を展開しうるようになっていたことがその背景にあったのであろう。

しかし、そうした中でも急進分子は依然クーデター計画を放棄したわけではなかった。昭和八年七月一一日を期して決起し、閣議中の閣僚全員、重臣、政党首領、財閥首脳を殺し、改造内閣――その首班には「革新」運動に理解のあるといわれていた東久邇宮《ひがしくにのみや》を予定していた――を樹立しようという計画が、事前に探知され、参加者は神宮外苑の明治神宮講会館に集合したところを一斉検挙された。いわゆる神兵隊《しんぺいたい》事件である。

この事件は天野辰夫、前田虎雄、鈴木善一ら大日本生産党系の右翼青年グループが主体であったが、元東久邇宮付武官の安田銕之助《やすだてつのすけ》予備中佐、海軍の霞ケ浦航空隊司令山口三郎中佐らが加わっていて、かなり大規模な計画であり、背後に陸軍部内の統制派とのつながりがあったともいわれている。

二・二六事件の影響

そして最後の大規模なクーデター計画が昭和一一年の二・二六事件である。この事件については極めて多くの文献があるので詳細の説明は不要であろう。

昭和一一年二月二六日未明、栗原安秀《くりはらやすひで》、安藤輝三、河野寿、中橋基明、坂井直、高橋太郎、野中四郎、丹生誠忠、香田清貞らの大中尉、すでに退役となっていた磯部《いそべ》浅一《あさいち》、村中孝次らの青年将校にひきいられた歩兵第一・第三連隊を主力に近衛歩兵第三連隊、野戦重砲兵第七連隊の若干を含む一四〇〇名の軍隊が、完全武装で一斉に行動を開始し、高橋是清《たかはしこれきよ》蔵相、斎藤実《さいとうまこと》内大臣、渡辺錠太郎《わたなべじょうたろう》教育総監を殺害、鈴木貫太郎《すずきかんたろう》侍従長に重傷を負わせ(岡田啓介首相および牧野伸顕元内大臣は危く逃れた)、以後四日間にわたって首相官邸、陸軍省、国会議事堂を含む東京の国政の中枢部を占拠しつづけたのであった。

反乱将校たちは、一切の悪の根元は天皇と国民の中間にあって真のあるべき政治を阻害している君側の奸たち、元老、重臣、財閥、政党そして彼らを圧迫した軍中央部幕僚=軍閥に求めた。これらを攻撃して斃《たお》すことによって、自然に正しい天皇と国民との結びつきが生じ、あるべき正しい政治が開始されるというものであった。そして事態の収拾を彼らの尊敬していた真崎甚三郎《まさきじんざぶろう》大将に求めた。彼らは政治の中枢地域をおさえながら、「宮城」を占拠して天皇に直接はたらきかけることを戦略的ポイントとしていなかった。それは天皇絶対論者としての彼らには出来ないことであった。

第一日目は反乱将校の期待が十分に達成されなくとも、現状と期待の中間に事態が落着し、彼ら自体もその中で一定の役割が得られると考えられるような状況であった。彼らは全国の同志に具体的によびかけや指示を行なわなかったし、国民によびかけるメディア——新聞社や放送局を占領してそれを利用しようという姿勢に欠けていた。彼らは彼らの「意志」に当然こたえてくれるであろう「天皇の真意」を待った。

しかし天皇の真意は彼らが想像し期待していたものとは全く異ったものであり、軍内の支持者も、彼らに同情した行動をとることをためらわざるをえなかった。そのうちに軍中央部幕僚はこの反乱の鎮圧のための行動をおこしはじめた。そしてこの事件はまる三日間東京の中心部を占拠したにとどまって鎮圧された。

しかし二・二六事件がのちに与えた影響は、小さいものではなかった。政治家たちはその行動にあたって、軍の決起の危険性をつねに考慮しなくてはならなくなった。政治家は軍の不規律をせめたが、この反乱を鎮圧する力をもつ軍中央部をつよく追及することは出来ず、むしろその要求を容れねばならなくなった。軍中央部はこれを機会に軍部内の反対勢力である皇道派を一掃することが出来、非難に対しては、事件はそもそも政治に原因があるのだから、政治家も反省する必要があると反撃して、政治の改革を主張したのである。かくて二・二六事件をへて、政治における軍の発言権は従来より一層大きくなった。

皇道派と統制派

以上みてきたような軍政府樹立をめざす軍部の一部を含む実力行使計画があったものの、軍部全体が「復古—革新」派化したわけでも、また「復古—革新」派化した部分がすべて実力行使への志向をもったわけでもなかった。

満州事変以後の「復古—革新」派の中心的な要求は強力な政権の樹立、非政党的な、しばしば軍部による強力内閣の樹立と、その政権による統制の下での挙国一致の力の実現であった。それなしには日本がきびしい政治的経済的国際環境に対処していくことは出来ないというのが彼らの主張であった。国際国内情勢の根本的な見直しとそれにもとづく国策の研究が、昭和研究会や国策研究会や内閣調査局等によって行なわれはじめていたことはすでにみた。こうした動きは軍部内においてもすすめられていた。

五・一五事件で政党内閣が崩壊したあと、昭和七年五月二六日穏健派の海軍大将斎藤実が元老の推薦によって内閣を組織したが、この内閣には前内閣から留任した荒木貞夫陸相がいた。荒木は旧来の陸軍主流宇垣グループの敵対者で「復古」的な色彩の濃い「革新」派であった。彼のもとで人事を通じて宇垣グループが後退し、のちに「皇道派」とよばれるグループが進出した。この時期陸軍は五相会議に国策案の提起を行なっている。斎藤内閣は八年秋から翌九年度の予算編成を前にして、国防と外交・財政の調整のため総理・陸・海・外・蔵の五相会議――一種のインナーキャビネット――を設けた。陸軍は八年八月頃から荒木陸相のもとで国策案の立案をすすめていた。陸軍の考え方は満州問題に最も障害となるソ連を主敵とし、英米が満州問題に干渉してこない限り彼らとは友好を維持し、ソ連との対抗に必要な軍備充実をはかることであった。「昭和十一年前後ニ於《お》ケル国際的危機ヲ未然ニ防止シ且《か》ツ万一ノ危機到来ニ際シテハ国家総動員ノ総力ヲ以《もつ》テ之《これ》ヲ突破シ得ルニ必要ナル国家内外ノ態勢ヲ整備スル」という点にあった。

しかしこのような基本方向は五相会議で承認を得られなかっただけでなく、革新官僚の総帥的な存在であった後藤文夫農相が、五相会議にひきつづいて開催された内政会議に提出した農村救済案（厖大な予算措置をともなう政府の積極的な指導による）も、荒木の支援にもかかわらずそれを通すことができなかった。このことが荒木の陸軍部内での指導権の喪失、翌九年一月の退任の一つの原因となったのである。荒木は同志の真崎甚三郎大将を後任に希望したが、閑院宮《かんいんのみや》参謀総長の反対で、林銑十郎《はやしせんじゅうろう》が陸相に就任した。元来荒木、真崎、林の三人は反宇垣のグループを構成していたが、陸相に就任した林は、永田鉄山や東条英機《とうじょうひでき》――彼らも反宇垣の広義の皇道派に属していた――とともに、荒木、真崎らのグループ＝皇道派とは異った独自の歩みをすすめ、彼らとの対立をつよめ、統制派と称せられるようになる。

統制派の中心は永田鉄山であり、永田のもとに池田《いけだ》純久《すみひさ》がいた。池田の回想録『日本の曲り角』によると、池田は昭和四～七年に東京帝大経済学部に派遣されており、同じく五～八年に東京帝大法学部に派遣されていた四《し》方諒二《かたりょうじ》少佐、六～九年に派遣されていた田中清少佐らと語り合って、いつのころか正確にはわからないが、永田鉄山軍事課長（永田の軍事課長は五年八月から七年一一月まで）のもとに、東条英機、今村均《いまむらひとし》、武藤章《むとうあきら》、富永恭次、下山琢磨、影佐禎昭らの佐官級の中堅を集め、国家革新の研究立案の企画をした。これは昭和一〇年八月の永田の横死までつづいたという。

彼らの作成した改革試案は焼却して残らなかったといわれるが、池田は、この案は暴力革命で――のちにはその考え方を放棄し、合法的にこれを達成しようとしたという――政府は議会から広範な授権を受け、強力な統制経済を採用する等の内容だったとのべている。池田はこのグループこそが「統制派」の実体であったという。

また、永田鉄山と石原莞爾をかついでいた片倉衷《かたくらただし》大尉を中心とするグループ（真田穣一郎、西浦進、中山源夫、服部卓四郎、堀場一雄、辻政信ら）による改革案の作成もすすめられていた。西浦によると「永田さんを軍務局長にして、石原莞爾を第二課長に、そして大臣には林銑十郎」という考えであったという（『片倉衷氏談話速記録』）。このグループのまとめたものが九年一月の「政治的非常事変勃発ニ処スル対策要綱」というものであった（秦郁彦『軍ファシズム運動史』)。これは予想される皇道派によるクーデターを鎮圧しつつ、それを機に希望する強力な後継内閣を作って革新を断行するというものであった。その中の革新大綱は外交、国防、政治機構、経済機構、社会政策、教育の各分野にまたがるもので、政治機構の部分では、既成政党の解散、衆議院の職業代表中心への改組、経済機構の部分では大銀行・大企業の国営、土地の国有などをかかげている。

『国防の本義と其強化の提唱』の波紋

上述のものは公表されたものではなかったが、昭和九年一〇月陸軍省新聞班がまとめて出版した『国防の本義と其強化の提唱』なるパンフレットは、政治的に大きな波紋をなげかけた。

ところで、このパンフレットは、冒頭「たたかいは創造の父、文化の母である。試錬の個人に於《お》ける、競争の国家に於ける、斉《ひと》しく夫々《それぞれ》の生命の生成発展、文化創造の動機であり刺戟である」という有名な文章ではじまっている。内容は、一、国防観念の再検討、二、国防力構成の要素、三、現下の国際情勢と我が国防、四、国防国策強化の提唱、五、国民の覚悟の五部から構成されている。一の冒頭が前引の文章である。

このかなで書かれた「たたかい」はイコール戦争というわけではない。「試錬」や「競争」である。そして国防は、「軍事的国防観」や「総動員的国防観」を超えたものとして、

「国家生成発展の基本的活力の作用である。従って国家の全活力を最大限度に発揚せしむる如《ごと》く、国家及社会を組織し、運営することが国防国策の眼目でなければならぬ」――というものとしてとらえられる。つまり国家レベルの「たたかい」＝国防は、国民のすべてのエネルギーを統制総合することによる国家発展のエネルギーの強化にあり、今日の「国際的争覇戦時代」においてそれは絶対的第一義的なものであるとされるのである。

二において、国防力の要素を人的要素（精神力プラス体力――正義の維持遂行に対する熱烈なる意識と、必勝の信念とが人的要素の主体を為すべきである）と自然要素（領土・資源）と混合要素（経済・技術・武力・通信・情報・宣伝）をあげ、現代日本のそれぞれの問題点をあげている。なお武力の項で「国防の基幹たるべき我が武力は、皇道の大義を世界に宣布せんとする、破邪顕正《はじやけんせい》の大乗剣であ」ると断定している。

三では、「世界的不安と日本、一九三五～六年の危機、海軍会議と米国、支那の態度、聯盟脱退と委任統治、蘇聯邦《それんぽう》と極東政策、非常時克服の対策」を説明し、「之《これ》を要するに、現下の非常時局は、協調的外交工作のみによって解消せしめ得る如《ごと》き派生的の事態ではなく、大戦後世界各国の絶大なる努力にも拘《かかわ》らず、運命的に出現した世界的非常時であり、又満州事変と聯盟脱退とを契機として、皇国に向って与えられた光栄ある試錬の非常時である。吾人は偸安姑息《とうあんこそく》の回避解消策により一時を糊塗《こと》するが如《ごと》き態度は須《すべか》らく之を厳戒し、与えられた運命を甘受して此《この》機会に於て国家百年の大計を樹立するの決意と勇気とがなくてはならぬ」と結んでいる。

最も問題となった四では、「国民の一部のみが経済上の利益特に不労所得を享有し、国民の大部分が塗炭の苦しみを嘗《な》め、延《ひい》ては階級的対立を生ずる如《ごと》き事実」を国防上の見地からも許しがたいものとし、国民生活の安定のため何よりも農山漁村の更生を強調している。さらに思想戦の強化、航空兵力の拡充等を主張し、最後に現経済機構の改善整備――「現機構は、国家的統制力小なる為め、資源開発、産業振興、貿易促進等に全能力を動員して、一元的運用を為すに便ならず、又国家予算に甚《はなはだ》しき制限を受け、国防上絶対に必要とする施設すら之《これ》を実施し得ざる状態に在る」――つまり、戦時経済に向って統制経済政策をとるべきことを強調しているのである。

「国防」を中枢にすえて、この強化のために全国民のあらゆる活力を国家的統制の下に動員していかねばならぬというのが、このパンフレットの趣旨であり、陸軍の「復古―革新」派の宣言であった。

このパンフレット作成の中心になったのは前にもふれた池田純久少佐（軍務局軍事課員で政策班長）と清水盛明少佐（新聞班員）であったらしい。池田によるとこのほか満井佐吉《みついさきち》中佐（新聞班員）も参加し、「永田軍務局長の点検と承認を受け、陸軍省各局の同意を求め最後に陸軍大臣林銑十郎大将の決裁を受けた」という。従ってこれは前述の池田グループの策案と密接な関係をもっていたであろうし、また池田らとの関係から国策研究会が何らかの形でこの背景にあっただろうことが推測されるのである。

池田純久の「革新」政策案

こうした軍部内の諸グループでの策案はこのほかにも少なからず存在したであろう。ここではもう一つ、昭和一〇年一月一〇日付の陸軍省調査班（この時の班長は坂西一良）のまとめた「対内国策要綱案に関する研究案」および「対内国策要綱案に関する研究中成《な》るべく速《すみやか》に実行するを必要と認むる事項」をあげておこう（前者は『木戸幸一関係文書』の中にあり、『二・二六事件秘録』別巻は両者を収めている）。前者は政治機構、経済、農村、教育、財政金融、社会問題、思想、戦時経済、宣伝、警備、航空および防空にわたるもので、政治機構の分は、元老の廃止と内閣首班者奏請慣行の新設、枢密院の改善、議会制度の改善、中央行政組織の刷新、地方行政機関の刷新等をあげている。経済の部はその要綱で「経済政策指導方法の重点を逐次統制部分の拡張に置き、之《これ》に必要なる政治幷《ならび》に行政機構を採用す。之が為め国策審議会に於《おい》て審議立案したる処《ところ》に基き、関係各省に於て夫々《それぞれ》各種産業の生産、配給及金融等の監督統制を実施す」とのべている。後者は、小作法の制定、地方財政調整交付金制度、農村負債の整理ならびに飯米給付、肥料の専売、財源捻出案をあげている。

これらをもとにして、軍部は二・二六事件後成立した広田弘毅《ひろたこうき》内閣に対し、組閣に当って政策的な注文をつけ、さらに行政機構改革案等を提起しているのである。

ただ、これらの「革新」政策案はいずれも軍部のクーデターないしその圧力による「革新」的な強力内閣の成立をめざし、陸軍大臣、あるいは軍が影響力をもつ国策樹立機関の立案を通じて内閣の「革新」政策を推進しようとするものであって、いまだその内閣の基礎として国民組織、ないしそれを指導し、実際には「革新」政治を全面的に推進する中核組織としての「党」の樹立という構想をもっていなかった。

その点で注目されるのは、前述の軍務局にあった池田純久が昭和一〇年九月一八日付で執筆し、極秘に数部を作成して「部内中堅」に頒布したという「陸軍当面の非常時政策」である（『二・二六事件秘録』別巻および秦郁彦『軍ファシズム運動史』付録に収められている）。

この中で池田はまず、「国策遂行のヘゲモニーを確保せよ」として「非常時日本が改革日本たるべきは歴史的必然にして、何者の力も妨ぐる能《あた》わず。軍部は速かに改革国策を確定し、陸相をして閣内にヘゲモニーを確保せしむると共《とも》に、国民大衆の指導方策を急施し、以て資本〔を〕攻撃するに遺憾なかるべし」と、陸相を通じての変革を主張し、そのために「ブレーントラストを組織すること」が必要であるとし、「軍部のブレーントラストは軍部専属として構成せず、独立の政治的研究団体若《も》しくは文化団体とし、軍部との聯絡《れんらく》は人的、財的要素を以て別に工夫すべし。ブレーントラストは日本内外の情勢に対する科学的検討を基礎とし、各派の政治的主張を綜合参酌《さんしやく》しつつ、万人非議なき日本改造案大綱を決定す」としている。

ついで池田は「国民大衆の動員組織を確立せよ」と主張する。池田は軍部そのものが日本改造を推進する政治的勢力ではなく、軍部は別に独自の政治的勢力を結成しなければならない、明治維新以来発展してきた資本主義的支配体制は牢乎《ろうこ》たるものがあるのであって、単に軍部の「恫喝と誠意の政策的使分け」などによって財閥、党閥の翻意改善が可能であると考えるのは危険なセンチメンタリズムだからである、という。そして前述のブレーントラストの科学的計画にもとづき大衆の組織化をはからねばならないとする。対象は労働者、農民といった「数量的に計算せられたる大衆」と「組織せられたる改革諸団体の指導者、官公私の諸機関に従事するインテリー及産業経営の実務に従事する技術者、既成政治勢力中の革新分子等」であり、これらは「政界上層部への別途工作と関聯して新興政治勢力を主体として結成せらるべく、軍部は之《これ》が育成の原動力たるべきは論なし」という。つまり既成政治勢力に対し「新興政治勢力」を前述のように大衆をも組織したものとして結成せねばならぬというのである。

このほか池田は、ジャーナリズムの利用、陸軍労働組合の組織（「組織せられたる陸軍労働組合は海軍労働組合と協力し、近く組織せらるべき逓信労働組合と提携して、国家改造の一大勢力化すべく、民間労働運動は此の官業の改造勢力の前に怖伏統制せらるべし」）、公益労働者の組織の獲得、配属将校を通じての学生動員の計画、中堅インテリの獲得、各種の民間新興団体の統制、好意的中立派の増加拡大……など、革新分子、新興勢力の政治的組織化の方向を打出している。軍部とこの大衆的政治組織、政府とこの組織との関係づけなど具体的イメージははっきりしないが、ともかく軍を中心とした一団の革新派の政治組織化の方向を示した点で、この池田の問題提起は注目に値するのである。

石原莞爾の策案

さらに注目しなければならぬのは石原莞爾を中心とするグループ（「満州派」）の策案である。それは次にのべるように、「革新」の推進力としての「党」組織の問題を提起していたらしいからである。周知のように、石原は満州事変の計画者・実行者であり、彼の最終戦争論と結びついた東亜連盟論は各方面に信奉者を集めはじめていた。

昭和一〇年八月に石原莞爾は軍中央部にもどって参謀本部作戦課長に就任し、ついで一一年六月戦争指導課長、一二年三月参謀本部第一部長となった。中央部にもどった石原はソ満国境における日ソ両軍の兵力差を埋めることに力をつくし、とくにソ連軍に対抗しうる軍の機械化、航空兵力の増強を中心とする兵備充実に着手した。石原はこうした兵備充実のためにはその背景となる日本の経済力の正確な把握が必要と考えたが、民間にも政府にも、その綜合判断に関する調査のないことを知り、昭和一〇年秋に満鉄経済調査局東京駐在員であった宮崎正義《みやざきまさよし》を中心に日満財政経済研究会を創立した。石原は、昭和一六年までに対ソ戦争準備を整える、即ち対ソ八割の兵備を維持するために日満北支を範囲とする産業の綜合的飛躍的発展を図ることが必要だとし、さらにそのために政治および経済機構に必要な改革を行ない、あわせて以後における「根本革新」を準備する、ただし、経済界混乱の際には機を失せず根本的革新を断行し、新時代を指導すべき政治団体を結成するものとした。

参謀本部の機密費等を投入された日満財政経済研究会は調査にもとづきつぎつぎと策案を作成した。これらは「満洲産業開発五年計画」「重要産業五年計画」などになった。そのうち初期の策案は、中村隆英、原朗編『日満財政経済研究会資料――泉山三六《いずみやまさんろく》氏旧蔵』第一巻に収められている。

ここでの問題は石原らの考えていた根本的革新を断行し新時代を指導すべき政治団体である。後年日米戦争中、吉田茂や真崎甚三郎らとともに近衛周辺にあって、統制派＝「赤」論を展開した殖田俊吉《うえだしゅんきち》は、戦後の回想「昭和デモクラシーの挫折」の中で、昭和一一年末か一二年の初めに鮎川義介《あゆかわよしすけ》から、日満財政経済研究会が作成した「生産力拡充計画」（内地の部と満州の部）とその別紙「国策要綱」、その後日満財政経済研究会の会員であった遠い親戚の者から、同会の「政治行政機構改革案」を得たとのべている。そしてとくに後者について説明し、内閣制度をやめて国務院制度にすること、日本国権社会党（『池田成彬伝』では国憲社会党）の一国一党制をとることなどがその中心であったとし、「それはりっぱなほんとうのコミニズム計画です。しかし感心なことに共産の『共』の字も書いてないんです」と評価した。

前にふれた『日満財政経済研究会資料』の第三巻に収められている同会の「調査報告書目録」によると、昭和一一年六月に「政治行政機構改革案大綱」が作成されていることがわかるが、これは残念ながら泉山文書の中には含まれていない。従って詳細はわからないが、とにかく、日本国権社会党なる一国一党を作り、その総裁が首相となるという構想をもっていたことがわかる。この考え方の背景には石原らが満州国において実際に組織し、その一国一党への成長を期待していた協和会の経験があったのであろう。

昭和一二年広田内閣の退陣後の宇垣内閣流産、そして林内閣樹立に当っての石原グループの動きは、こうした背景をもっていたのであった。すでに昭和一一年の春に、宮崎正義、浅原《あさはら》健三《けんぞう》、十河《そごう》信二《しんじ》らの石原グループは、前述の案を近衛や池田成彬、結城《ゆうき》豊太郎《とよたろう》、津田《つだ》信吾《しんご》、鮎川義介、野口《のぐち》遵《したがう》、郷古潔《ごうこきよし》、斯波《しば》孝四郎《こうしろう》、小倉《おぐら》正恒《まさつね》、林銑十郎らの政財界の巨頭に読ませていた。近衛はこの計画にかなり賛成であったらしい。

宇垣内閣が流産したのは、こうした計画の実行は宇垣のもとでは行ないえないとみる彼らの抵抗によるものであった。当時参謀本部は、次期内閣に対する陸相の入閣条件として、

(1)兵備及び諸施設の充実
(2)五年以内に世界水準以上の航空機工業の建設
(3)戦争遂行の基礎確立のため、昭和一六年までに日満を範囲とする自給自足経済の建設

をきめて参謀総長の決裁を得ていたのであった。

林内閣の組閣中途までの組閣参謀は、十河信二であり、彼が浅原健三や宮崎正義や片倉衷少佐（軍務局課員）と連絡をとりながら活躍していたことは、浅原の組閣の際の日記（『軍ファシズム運動史』に収められている）にくわしい。彼らはいずれも石原の配下であり、石原はこの内閣を彼の構想の実現のチャンスとして期待したのであった。

浅原は、かつて八幡製鉄所大ストライキのかがやける指導者であり、「溶鉱炉の火は消えたり」で名をはせた労働運動・無産政党運動の指導者であったが、やがて運動から離脱し、石原の幕下に参じていた。

石原莞爾の敗北

林の組閣は少くとも当初において石原の路線の下にすすんでいた。そしてその組閣の眼目は、陸相に石原とともに満州事変の立役者であった板垣征四《いたがきせいし》郎《ろう》、海相に末次信正《すえつぐのぶまさ》を得ようとするところにあった。しかしこうした石原らの動きは、すでに満州時代から対立のはじまっていた東条英機を含む軍中央部の一部から危惧《きぐ》の念をもってみられており、林はやがて石原グループをふりすてた。林は板垣をあきらめ、十河らは憲兵の手で組閣本部から追放され、結局石原の計画は失敗に終るのである。浅原はその後憲兵にとらわれるのであるが、取調べに当った憲兵の大谷敬二《おおたにけいじ》郎《ろう》は、浅原の構想について、次のように回想している。

まず党組織を確立し、政権獲得を五カ年後に期待する、いわゆる政治工作五カ年計画というものである。すなわち五カ年後を目標として「一年一内閣」「一内閣一革新主義」を断行して、五カ年後には、板垣を首班とする内閣をつくり、板垣内閣の手によって、党国組織を完成しようというのである。

もう少しくわしくいうと、この五年間は、総理は林であれ、近衛であれ、有馬であれ、だれでもよい。自分たちが、好意をもちうる内閣ならば、それでいいというわけである。そして、これらの内閣には、かならず何らかの革新政策を断行せしめて引き退らせる。したがって、任期はおおむね一年でよい。すなわち、一つの内閣は一つずつ思いきった革新政策を断行して、つぎつぎに代っていく。こうして、国内の政治情勢を、革新へ革新へと進めていく。もちろん社会はいちじるしく動揺をうける。そしてその末期において、彼ら満州組の総帥たる板垣を首脳として迎える。この板垣内閣の成立こそ、彼らの最後の企図が達成される時であった。それは協和会工作を通じて隠密に扶植しておいた協和会協力団体を一挙に動員して、いわゆる無産大衆を基盤とする党組織、すなわち政党へと転入せしめる。そして板垣内閣の手によって、完全なる党国政治を作りあげ、この党の独裁によるファッショ政治によって、天下を完全に掌握するという段取りである。この最後の時期においては、はげしい国内の相剋摩擦も予想されるわけであるが、この弾圧のためには、必要に応じて暴力主義も肯定するものであって、それはもはや改革ではなくて革命である。

こうしたことが彼の構想であり、具体的な計画企図でもあったわけである。(『にくまれ憲兵』)

これは前述のことと照し合わせてみると、恐らく事実に近いであろう。

石原は翌年の「支那事変」の開始の際、明らかにその拡大に反対した。この段階での中国との戦争は、彼の生産力拡充計画をだいなしにし、従って「革新」政策を阻害するものだったからである。しかし石原のリーダーシップのなさもあって、石原系といわれた軍人の離脱もおこり、一二年九月には石原は中央から追われて関東軍参謀副長にとばされ、ついで一三年一二月には舞鶴要塞司令官に左遷されてしまった。また浅原らも憲兵の圧迫で活動不能の状態となった。こうした状況にもかかわらず、石原グループの考え方自体はその後の陸軍の中に継承されていったのである。

第三章　社会大衆党の「復古―革新」派化

軍部と社会大衆党の「類似性」

石原グループと併行して「党」問題を考えはじめていたのが、麻生《あそう》久《ひさし》を指導者とする社会大衆党であった。前述の陸軍パンフレットに対し、中野《なかの》正剛《せいごう》や赤松《あかまつ》克麿《かつまろ》ら「革新」派は熱烈な賛意を表明していたが、社会大衆党の書記長麻生もまたこれにつよい支持の態度を表明し、波紋をなげかけていた。

　麻生は、このパンフレットが「資本主義的機構を変革して社会国家的ならしむることを主張している」とし、「日本の国情に於《お》ては資本主義打倒の社会改革に於て軍隊と無産階級の合理的結合を、必然ならしめている」といい、「党員諸君は、その開かれた道を正認しこのパンフレットを仲介として研究会を開き、勇敢に在郷軍人会、青年団、産業組合の陣営に進出し、このパンフレットの内容に沿って反資本主義勢力の拡大強化に努力して党の拡大強化を図るべし。その必然に開かれた道に対して勇敢に突進し得ざるものは、社会改革運動の落伍者である」とのべたのである。

社会大衆党全体がこの方向に共鳴したわけではなかったが、麻生と亀井《かめい》貫一郎《かんいちろう》らは急速な社大党の「復古―革新」派化を推進していた。昭和一〇年（一九三五）、亀井は『改造』一月号に「軍部と社会大衆党」なる文章を書いている。その中で亀井は「軍部の行動と声明とを通じて近時軍部の建前と我々の建前とに幾多の類似性が発見され出した事」を指摘している。この類似性は「単に軍部と我々の間にのみ発見され出したのではない。資本主義政治経済機構の傀儡《かいらい》たる事から脱却して『帝国の官吏』としての意識の下に行動せんとしつつある新らしき官僚層との間に、資本家の奴隷から独立して産業の勤労的経営主体の確立とその国策の線に副《そ》うての運用を目指して動かんとして居るサラリーマン層との間に、資本主義の対立物たる可《べ》き窮極の運命にある産業組合の指導的中堅層との間に、将又《はたまた》既成政党内の叛逆分子と、（党籍を離れたると離れざるとに論なく）既成政党のボス政治による資本主義体制維持の政治勢力の一員たる可き運命にありながら、輿論《よろん》代表の建前に於《お》いて、選挙区民衆の動向には無関心なるを得ずして、その政治生命に対する観念がボス追従の利害に勝って今や新動向に発見せんとする中堅以下の議員のとる可き建前の間に、又自治体の財政的壊滅の前に当って自治制運用の責務を荷わされつつある人々の間に、社会政策行詰りの苦悶を眼前に見つつ社会的救済制度運用の任務に当って居る方面委員等の考方の間に、日を追うて建前の類似性が増大しつつある事は事実である」という。つまり「復古―革新」派化の進行である。

亀井は昭和九年九〜一〇月の東京市電争議で警視庁および軍部が中正な態度をとったこと

を「進歩」と評価し、陸軍パンフレットが「一言にして言えば資本主義は国防をも弱化せしめる。それ故に国防の見地からも資本主義制度を改廃す可しと云《い》うにあ」り、「軍部が卒然として民衆に訴え広く其《そ》の批判を求めしかも之《これ》を軍の正常の機関によってなして居る点は、満州事変、五・一五事変当時よりも公平に言って合法的であり組織的であり大衆的であり、当時の英雄的、少数急進的よりも一般に言って進歩せるものである事を承認してよい」との べている。そして「我々は軍部中堅であろうが官僚中堅であろうが産業分野の進歩分子であろうが既成政党の叛逆児であろうが革新への一歩の前進である限り独自の立場に於て支持する」として、次のように結んでいる。

亀井貫一郎

……我々は議会を枢軸とし、弾機として新興勢力政権への途を開く事をやめまい。我々は資本主義企業体内部に於《おい》ても国家産業本位の立場に立ち資本独裁の趨勢《すうせい》を抗拒《こうきょ》しつつ各階層の勤労者的協力による産業能力の発展と産業平和の確立に邁進する。そしてその上で綜合的な国民的な国家改造の勢力に合流するであろう。換言すれば独自の立場に於て着実に改造に寄与すると共《とも》に信を人の腹中に置いて大衆的組織的合法的な全的活動の支柱ともなろうと云《い》うのである。

……

「革新」=「反資本主義」陣営の一環として軍部中堅、官僚中堅を評価し、そうした運動の「支柱」として社大党の役割を位置づけようとしているのである。

軍部が果してそうであったかどうかははっきりしないが、新官僚グループの中には社大党支持の空気がつよくあったらしい。昭和一一年の総選挙の際、岡田総理の秘書官の一員であった迫水久常《さこみずひさつね》は、岡田総理の内諾を得て、麻生を通じて社大党に選挙資金の援助をした――「たしか二万円か三万円だったかの金を、麻生久さんの住んでいる江戸川アパ(マ)ートへもっていきました」――という(『現代史を創る人びと』3)。この選挙の際「警視総監も〔社大党に〕入れておったくらい」と、やはり新官僚の一人といわれた北村隆も語っている(『北村隆氏談話速記録』)。

麻生、亀井のこのような姿勢にもかかわらず、社大党の「党」による国家の支配という考え方がはっきり表面化するのは、日中戦争がはじまった翌年の昭和一三年に入ってからであった。

社会大衆党と挙国一党運動

亀井貫一郎の自伝的回想によると、亀井は日中戦争開始の直後昭和一二年八月に日独ソの提携を企図し、「先《ま》ず、米国を訪問し、米国の空気を見、米国よりドイツに入り、ハウスフォーファー父子博士、及びラウマーと協議し、ドイツの反応如何によってはワルサワに赴き、同地でクージネン父子に会同すべく決意し、麻生氏の同意を得、近衛公の了解を求めて、翌九月「近衛内閣及び陸軍使節として米国に赴き、ついでナチス独逸を訪問、かねて連絡し置きたるオットー・ベルトラム来訪、小生の考え方を話し協力を求む。オットーはフリードリッヒ・ハックを紹介せり。同人は元シベリア満州にあり父ベルトラムの友人、青島にて日本軍の捕虜となり、その後日本在住、帰国後、リッペントロップの側近者となり、日独ソ提携の斡旋者なりという。最近はリッペントロップより、ラウマー、ヘッス、ハウスフォーファーに近しとのことなり。彼等を通じてドイツ内部情勢が出発前の判断にて間違なしと認め、ラウマー、ヘッス、ハウスフォーファーと会談、日独ソ提携の推進を打ち合わす。更《さら》にワルサワにてソ連最高幹部クージネン父子と打ち合わせた。米国、ドイツ、ソ連共に予期の成果を得た」が、「昭和一三年四月　近衛公、麻生君よりの急電により……急遽帰朝した」という。

この亀井のドイツ行には、高橋経済研究所にいた郷司《ごうし》浩平《こうへい》、総同盟の幹部の近藤桂司、伊藤卯四郎が同行した。もっとも亀井の回想の細部はちょっと確認出来ない。とくにこの段階での日独ソ提携の構想というのは、もし事実であれば極めて興味深い問題であるが。

さて、亀井の不在中、社大党は麻生の強力なリーダーシップによって大きく転換しつつあった。内務省警保局の『昭和十二年中に於ける社会運動の状況』によると、日中戦争の勃発に際し、党首脳部は、「政府の挙国一致の方針に協力するの態度を表明すると共に真の挙国一致を招来する為の国内改革を主張し」、党内ではその方向での言論統制を行なうとともに「人民戦線分子の一掃」につとめ、一一月一五日の全国大会で「中心首脳部の意図せる如《ごと》く民族性を認めて所謂《いわゆる》国家、民族、階級の三位一体主義を基調とすることに根本方針の転換を行い、之《これ》に立脚したる綱領及政策を決定したるが特に支那事変に対しては其《そ》の意義を日本民族発展の一段階にして、支那に於《お》ける英米資本主義の打倒とソ聯勢力駆逐に依《よ》る東洋民族の解放を図る聖戦にして国内的には国家革新の推進力なりと規定」したのであり、同書は「本大会決定事項及び言論の内容等より同党は我が国の歴史と民族性に沿える社会主義を断行し我が国を盟主とする東洋社会主義の実現を目的とし今次事変を目的実現の一契機たらんと企図し居るやに見受けられたり」と判断している。

昭和一三年に入ってこの傾向は一層強化され、「支那事変」一周年には「今こそ、我が国は国内に於ける総《あら》ゆる対立、派閥、相剋を廃絶して真に全国民の強力なる挙国一致体制を達成せねばならない。我等はこの挙国一致の為に全国民の組織化を目標とする真の大革新政党の出現を待望し、これが為己を空しうして努力せんとす」と声明したのであった。

また他方既成政党解消、挙国一党運動も進行していた。一二年一二月一六日の各新聞夕刊は一斉に「全国民に告ぐ」と題する公爵一条実孝《いちじようさねたか》、頭山満《とうやまみつる》、海軍大将山本英輔《やまもとえいすけ》三名の連名の檄文を掲載した。

この檄文は「万世一系の天皇儼然《げんぜん》として国家組織の中心をなし給い億兆心を一にして天壌《てんじよう》無窮《むきゆう》の皇運を扶翼し奉り、君民一体、忠孝一致」のわが国体の本義が現状において顕現されていない事を指摘し、「世界は、秩序潰乱、禍機《かき》鬱勃《うつぼつ》、正に歴史的転換の潮頭に立」っている今日、「内、国力を結合して一体となし、外、世界未曾有の変局に処」することがわが使命であり、その使命達成のためには「西洋思想の余毒」たる「憲法政治をもって、政党対立の政治と解するがごとき」考え方を排し「全国民の一致せる精神に即して一体となり」「皇国の政党」の理義の徹底が今日の急務であるから「現存一切の諸政党は、速《すみや》かに……覚醒するところあり、彼此相対の境地を超越し、渾然《こんぜん》一丸となりて、強力政党の組織を遂げ」よとよびかけ、「苟《いやし》くもこれを怠らば、現存諸政党は歴史的鉄則の下に粉砕せらるるの日、必ずや遠きにあらざるべし」と警告するものであった。表に出た人の顔振れからいってもまた内容からみても、「復古」的色彩のつよいものであったといってよい。

『中央公論』一三年二月号の重信嵩雄《しげのぶたかお》「一国一党論の全貌」という記事によると、挙国一党運動の背後にいたのは、近衛と密接な関係をもっていた政界の黒幕の一人秋山定輔《あきやまていすけ》であった。彼は近衛の了解の下に、その配下の秋田清（政友会の幹部、衆議院議長であったが、昭和九年一二月一二日既成政党の解消、新政治勢力の結集を目的として政友会を脱党、議長も辞任して政界を驚かせた）や、また宮崎滔天《みやざきとうてん》の息子で、東京帝大新人会の発起人の一人となり、満州事変後無産政党から離れ、「右翼」の人びとともに一三年一月には「挙国一党結成促進研究会」を組織していた宮崎龍介や、やはり無産党出身で日本国家社会党の山元亀次郎らを使ってやった仕事だという。

防共護国団の政党解消運動

これと関連する動きとして、中溝多摩吉《なかみぞたまきち》らの防共護国団を中心とする政党解消運動があり、昭和一三年二月にはいわゆる「政党本部推参事件」をおこしている。この事件の中心人物の中溝多摩吉は三多摩壮士の一方の旗頭で、普選運動以来政治活動に入り、この年一月「防共護国団」なる団体を結成していた。中溝は秋山定輔と交渉があり、「国内相剋排除、一国一党」をスローガンとして、前記の一条らの声明に応じ、その第一段階として既成政党の解消が必要だとして動きはじめた。中溝らは東京に二ヵ所の屯所を作り、そこに団員を常駐させ、彼らをして各政党代議士を訪問、政友・民政両党の解消を勧告させた。中溝の配下の青木保三の回想録によると全団員は、「陸軍の軍服に似た、カーキ色の制服をつくり全員が着用し」ていた。この服は比留間安治なる「荻窪の近衛邸に、後藤隆之助（通称豪傑）らと常に出入りし、いわゆる〈近衛ブレーン〉の一人として相当重きをなしておった」人物の斡旋によるものであったという。

ところがこの運動が充分に成果を収めぬため、中溝らは実力をもって政友、民政両党本部に「推参」して、党議をもって解消を断行させようとする計画をたてたのである。二月一七日六〇〇名の団員を動員し、カーキ色の服に戦闘帽をかぶった彼らは、トラックに分乗して両党本部におしかけ、党の解消――挙国的態勢による新党樹立を要求した。民政党に向った隊は阻止されたが政友会に向った一隊は本部を占拠した。警視庁は一〇時間後には全員を検挙し、逃走していた中溝も三月一八日に自首して事件は落着した。政友会は津雲国利《つくもくにとし》、西方《にしかた》利馬《としま》の両代議士が中溝らに内応したとして事件後に除名している。この二代議士はともにかねてから一国一党論をとなえていた政友会の領袖久原房之助《くはらふさのすけ》の配下で、久原もこの計画に干与していたことが推測されるのである。

しかし、この事件の背景は大きかったようで、青木は回想の中で、計画は中溝、横田、青木、神山らの団幹部で作ったとし、「それは十六ケ条よりなり、先生〔中溝〕自ら筆をとって書きあげ、私に『君がつきっきりで、誰れにも見せず、大至急タイプに三通取って来てくれ』と依頼された。……私の直系の配下で能書家を呼び、四通複写して、翌日、三通と元書を先生に手渡した。先生は秋山氏と荻窪の近衛邸に持参して、説明した。先生が帰っての報告では『最後の項の、大日本党部の組織（内容は一国一党）に賛成をしない国会議員一人につき、防共護国団員二名、警察官一名、憲兵一名をつけ、芝浦埠頭に待機の姿勢でおる橘丸に、一時監禁をし、伊豆大島へ流島の刑に処する、と言う項については『これは少し、行き過ぎではないか』と云って、自ら消したが、あとのことについては『中溝君、なかなか面白い計画ですね』と云われて、自分としては、非常に面目を、ほどこした』と、云ったことは、今でも、眼に見えるようである。従って、この内容については、近衛公はもちろんのこと、秋山氏、秋田氏、当時の内閣書記官長風見章氏、内務大臣末次信正、麻生、亀井の各氏とほかに、近衛側近で後藤隆之助（異名豪傑）氏ら、極少数の人々は、あらかじめ承知して居ったと、私は今でも思っておる」とのべている。また末次内相は議会での答弁で中溝と自分は無関係と弁明したが、のちに末次は中溝に対して「場合が場合であったので、ああ云ったのだから、悪しからず、了承してほしい」と弁解したこと、「中溝先生が近衛公に提出した、建策書のうちには、両党本部を占拠した暁には、都合によっては、開催中の議会に押しよせ、その実力で議会を休会に追い込ませる場合もあり得る、という事項もあったが、これは実行できなかった」ことをものべているのである。つまり、青木によると、この事件は近衛および前述のこの運動の推進グループの了解の下に行なわれた。しかも場合によってはクーデターにもなりうる性格のものであったことになる。もっともこの回想を全面的に信頼することは出来ないし、大日本党部案というこの運動の背後にあったプランがととのったのはもう少しあとのことのようにも思われる。

以上で明らかなように麻生をはじめ社会大衆党の一部の人びとがこの事件には深くコミットしていた。青木の回想には、麻生のほか亀井貫一郎、浅沼稲次《あさぬまいねじ》郎《ろう》、平野学、天満芳太郎、内田定五郎らの名が登場する。一方、『麻生久伝』で河野《こうの》密《みつ》は、直接麻生から聞いた話として次のような記述をしているのである（河野は筆者の質問に対しても同様な回答をした。『現代史を創る人びと』1）。

昭和十三年二月、第七十三議会の開会中防共護国団による政友、民政両党の本部占拠があった。これをやったのは中溝多摩吉であるが、彼を背後から躍らしてやらせたのは近衛であった。国会開会中にその離れ業をやらして口を拭ってしゃあしゃあとしている度胸。――これは革新をやるに足る人物だと思って自分は近衛に接近する気になった。日本の革新は、明治維新の革新でもそうだが、下から丈《だ》けでは出来ないで、上と下と結びつかなければ駄目である。それには近衛の門地と家柄はあつらえ向きである。自分は近衛に言うのであるが、あの地位で、而《し》かも聡明に生れついたのが不運であって、嫌でも日本の革新をやらなければならぬ宿命を負うているのだと云った。

さらに同伝記の平野学（彼も青木によって関係者の一人としてあげられている）執筆の部分でも同様のことが記述されているし、青木の回想には、昭和一五年一月二二日に没した中溝の葬儀の際に、亀井が代読したという近衛の弔辞が収められている。また中溝の長男保三氏のもとにはその際の麻生の弔辞がのこされている。この中で麻生は、「同志中溝君卒然として逝く、君と吾との交友は僅かに一年有半に過ぎず、而《しか》も一昨年春互に相知り共に国事をはかって起臥を共にすること約半歳に及んで互に許すこと前世よりの約束の如《ごと》かりし……」とはっきりのべているのである。

昭和一三年三月一七日には、近衛内閣が提出した国家総動員法案に対する討論中、社会大衆党の西尾末広《にしおすえひろ》議員が演説の中で「ムッソリーニの如く、ヒットラーの如く、或《あるい》はスターリンの如く」勇往邁進すべしと近衛を激励したことが問題となって、二三日には同議員が議員を除名されるという事件がおこっている。この事件は、政民両党が軍部の強い圧力で、結局しぶしぶながら国家総動員法案賛成の立場を表明せねばならぬ場面に追い込まれていたのに対し、社会大衆党は当初から積極的に法案に賛成し、ひとり近衛内閣の与党の如く振舞ったので、政民両党が言葉尻をとらえてその報復を試みたものといってよいであろう。社大党は国家総動員法を「社会主義の模型」ととらえていたのである。

第四章　実現しなかった近衛新党計画

「大日本党」の構想

ところで昭和一三年（一九三八）四月二五日に亀井ら一行が神戸入港の靖国丸で帰国した。『麻生久伝』によると、「彼はドイツにあってナチスの政策を研究すると共に、強くナチスに感化されて帰ってきた。而《し》かも、当時の日本は『強力な政権』を待望する声が上下に漲《みなぎ》っている時であり、社大党内部に於《おい》ても、二言目には『強力な政権』が言われる時であったので、忽《たちま》ちにして亀井の新知識が党内を風靡《ふうび》するようになった。従来から、麻生、亀井は親密なる関係にあり、麻生を動かすものは亀井であると言われていたのであるが、亀井のドイツ直輸入の知識によって、全く党が動かされるようになり、麻生、亀井のコンビは一層強化される結果にな」り、さらに六月一二日の月例代議士会と翌日の中央執行委員会で「戦時体制に切り替えるという名目の下に常務委員制（三名）がとられ、近衛首相に対して、麻生書記長を通じて『時局突破の進言』をすることが決定された」のであった。

さらに同書は次のようにのべている。

麻生書記長の近衛首相に対する進言は、党内的には、秘中の秘とされ、恐らくその議に与ったものは、一人か二人であった。然《しか》も彼はこの進言を具体化するため、中溝多摩吉と組んで、同年夏の約二ケ月間をそのために没頭した。麻生が近衛首相に新党組織を進言し、それを推進するために、長い夏中努力したことが、彼の健康を傷つける結果となった。

麻生の当時に於《お》ける考え方は、社会大衆新聞に数回に亘《わた》って連載され、後に現代戦争の意義としてパンフレットにまとめられたものに明らかである。彼は、戦争こそは資本主義を打倒する絶好の機会であり、現在の戦争はかかる意義を有するものである、従ってこれに対蹠するためには、民族主義をもっと強調し、国家民族のためということをつよく打ち出す必要がある、と大胆に述べている。これは明かに、ナチズムの影響によるものだと言い得る。

この方針を具現するために、中央青年隊を組織し、制服制帽を支給し、事変一周年の七月七日には、中央青年隊の行進を行った。これより党の方針は、殆《ほと》んどナチス張りの一色に塗りつぶされ、近衛内閣激励の一点にしぼられるようになった。この方針に対しては一部に反対もあったが、麻生書記長を中心とする力を以て押し切って進んだ。同年十二月二十・二十一日の両日開かれた第七回全国大会は更にその方針を確認した。

この方向に沿って、前述した一国一党＝「大日本党部」の構想が具体化され、亀井によれば「近衛総理の特命を受け」て作成された草案は八月上旬には近衛に提出され、「大体に於《おい》て草案は殆《ほと》んど全部其《そ》の儘《まま》近衛党首に依《よ》り採用に決定せり」ということであったという。

「支那事変」の本質

少しあとになるが、九月二〇日付で亀井が近衛に送った長文の書簡によると、亀井らは「内外務大蔵厚生陸海軍少壮官吏と有志の研究会」を行なっており、その研究会で、七月上旬以来、漢口攻略後の長期建設に於《お》ける基本条件としての「イ、事変最終打結《(ママ)》の方式、ロ、右に必要なる支那国民の党、ハ、右に対応する日本の新国家体制と国民の再組織の問題、ニ、世界の新経済体制」について研究が行なわれている。この研究は風見章や、農革（日本革新農村協議会）のブレーンであり、昭和研究会の中核たる佐々《さっさ》弘雄《ひろお》、笠信太郎《りゅうしんたろう》、それに厚生省のブレーンとなっている国策研究会とも提携しながらすすめられていた、という。またこの研究会は「日支事変」を「世界史の転換期に当っての必然なる事態の進行であって、従って現在の摩擦の各面は世界の新秩序に吸収さるる事により、融和し、事態は完成される。世界史の必然の線に沿う主動的民族が文化の推進力として登場する」との結論を得た、とも報じている（「支那事変」を世界史の必然性の中でとらえていくという考え方は、昭和一三年七月七日の「支那事変」一周年に三木清が昭和研究会で行なった講演にも示されている。なお三木の講演がきっかけになって昭和研究会に文化問題研究会が組織され、そこでの三木らの策案がのちの新体制運動のイデオロギー的背景の一つとなったのである）。

亀井はつづけて言う。このような「支那事変」の本質に対し、政府の対応は、それをはっきりと認識した上で真正面からとり組むというのではなく、基本的には歴史の発展の方向に沿うているとしても「緊急避難の継続」でしかなかった。これでは解決は不可能であって、「日支事変の根本的打結《（ママ）》は、日本と支那の nationalism が相互に一の平面の上で調整せらる事は不可能なので、より高次の面に於《お》いて立体的に即ち世界の新秩序の一単位としての東洋の部面に於て双方の nationalism を吸収しつつ、その一単位を、東亜一体、東洋協同体乃至《ないし》共生体に完成すること、新世界体制に於て『運命を同じくする三国の超国家体』の建設創成と云《い》う共同立法の方式の外に方法がないと共《とも》に、之《これ》のみが歴史必然の線に沿う処の正しいもの」でなければならない。そしてそのため組織せらるべき「支那の国民組織」（支那全民党と仮称し、この「綱領と組織は軍の人と大蔵省の毛里《もうり》〔英《ひで》於《お》菟《と》〕君〈書記官〉」によって軍に提出済であるとのべている）と満州国の協和会とともに「東亜一体を建設する日本の国民組織、国民の党」が位置づけられねばならない。

そして国民の党は、「ⓐ一国一党の新党であるが、ⓑ政党の解消合流は過程であって本質的には其《そ》の成立の瞬間から其の党は議員の党に非《あら》ずして国民の組織自体に変化すべきもので、ⓒ従って新国家体制の各面、即ち有機的生産体としての国家、協同社会としての文化国家、国防国家、法制国家の面をつなぐ国家の実質で総動員の実体であるべきで、ⓓ右は『デモクラシイ』に非ず『独裁』に非ず、階級の階級克服に非ず、国家の一部が他部への圧力に非ず、『指導者と組織による運用』即ち指導者理論によるべく、ⓔ政策として大陸政策を持つと云《い》うのではなく、大陸政策、東亜共同体をその性格に持つものたるべし」とされている。

すでにのべたように亀井は八月に「大日本党部の党名、綱領、党規、組織党則及近衛党首が国民に訴うるラジオ演説等の草案」等を近衛に提出していたが、綱領、党規（党則）は、近衛がのこした文書中に、麻生と書込んだものがのこされている。前記亀井の書簡は、「我国に於《お》ける国民の党の問題は、内務省警保局保安課長清水〔重夫〕書記官、警保局加藤〔祐三郎〕書記官、杉原正巳と私」とでやっているとしているが、他方秋田清の伝記は、秋田の手記になるというほぼ同一の党規案（「大日本政党党規」）をかかげており、これらの新党案が麻生―亀井だけでなく、秋山―秋田を含むグループの共通の承認を得たものであったことが推測される。

「大日本党」党則

これらによって彼らの構想した党をみてみよう。綱領第一項は「党部は国体の本義に基き……一国一家の国家体制を具現すべし」、第二項は国民の組織を通じて「民意の暢達《ちょうたつ》を図ること、第三項は「国家全一体の目標と志向とを明徴《めいちょう》にし、其下《そのもと》に国民各般の組織を指導」すべきことをかかげている。ここでは一切の既成政党の解散が含意されており、党部は指導政党、前衛組織であり、天皇↑↓党部↑↓国民組織という形で、全国民の強力な統合が企図されていることが明らかである。しかも党規によってみると、「党が大権に対する翼賛と輔翼《ほよく》の任務を完全に遂行するための党一切の活動に対する指導の最高責任者た」る党最高指導者の役割は大きく、「党議は合議に依《よ》らず、討議を尽したる上、最高指導者の決裁によって決す」るものとされていた。これは組織に関する党則において一層具体化されている。

第一に、党最高指導者の独裁制である。党の指導精神、政策、人事に至るまで一切が最高指導者によって決定されるという原則である。そして第二にこの最高指導者の幕僚がそれらの決定に当って重要な役割を果すべく規定されていることである。まず「幕僚長」が任命され、「最高指導者の帷幕《いばく》に参じ籌画《ちゆうかく》経理に任ずる」ものとされた。この下に各部がおかれ、そこに「各部指導者」(「与えられたる任務の範囲に於《おい》て、最高指導者の名代としての責任と義務とに任ず」)および「党補導者」が配置される。「党補導者」は「幕僚長と聯携《れんけい》し党各部活動と党の全的活動との一体化を確保すると共《とも》に当該部門の党活動を区処し指導者補導者一体の原則の下に指導者を補佐するもの」であった。この最高指導者と幕僚とが党の中枢部であり、一切の決定はここで行なわれるのであって、従ってこの人事の決定は極めて重要であった。

最高指導者の諮問機関として、顧問会と評議員会が、そして党の各省分科委員会がおかれるとされたが、これらはいずれも重要な役割を期待されていない。むしろ「立党の本義を弘《こう》布《ふ》し、党を防衛し、党指導者を親衛する為に」設置さるべき「青年隊」が、党直属の武力装置として重要であった。

党の人事案は見当らないが、最高指導者に近衛が予定されていたことは疑えない。『中央公論』一三年一二月号の野村重太郎「新党運動を裸にする」が、「大日本党」の党部幕僚長に秋山定輔、幹事長格に秋田清、政治部長に麻生久、宣伝部長に亀井貫一郎、組織部長に久原房之助といったものであったことを報じている。恐らく後述の一五年の場合と同様に、指導者に「革新」派運動家が配置され、既成政党を含めた政治家中の「革新」派と組合わされていたのであろう。

党組織の各部の中でも組織部と政務部が重要視されていた。党の人事および政策については人事会議、政務会議をへて最高指導者が決定することになっていたが、その会議の構成メンバーは、人事会議の場合、最高指導者、幕僚長、各部指導者、補導者、青年隊長、政務会議の場合はそれに政府代表、評議員会代表が加わることになっているが、その原案提出の責任および権利を有するものは、幕僚長、組織部指導者、補導者、青年隊長のみであるとされていた（政務会議の場合はそれに政務部の指導者、補導者が加わる）。

党の地方組織は「部落、区町村、郡及大都市以外の市、府県及大都市、数府県を包含せる管区」におかれる規定であった。党は前衛組織であり、党員は党組織を通じて指導部によって強力に統制され、「国民各般の組織」を指導し、「国民大衆の指導」に当るべきものとされている。国民組織についてはここではふれていないが、職業、地域、年齢、性別等による組織によって全国民をあらゆる側面から組織することになっていたと思われる。

党則でみる限り、この新党と政府・軍部そして議会との関係は明らかでない。

新党結成の段取りと近衛の動き

ところで、このグループはいかにして党結成を実現させようとしていたのであろうか。『秋田清』に収められている秋田清のメモは、目下内外国策の最重点は新党の組織であるとして、「新政党は、挙国、単一、強力の条件に適する如《ごと》く、其《そ》の指導精神、其の組織機構、其の運営方針等一切挙げて新機軸を出さざるべからず。故《ゆえ》に単なる既成政党の合同は不可也。既成政党は先《ま》ず之《これ》を解消せしめ、更地《さらち》に其の成立を企画せざるべからず。既成政党の解消は、言容易にして実行困難事なり。外圧を加うると共《とも》に、内省を促し、先ず其《そ》の最も強力なる一党に主力を傾注して解消の実を挙げしめ、爾余《じよ》の各政党を自然解消に誘致せしむる方途を採るを得策と為す」として「この意味に於《お》いて、是《こ》れまで主として民政党解消に全力を竭《つ》くし、傍《かたわ》ら政友会及び小会派乃至《ないし》各団体に触手し来りて、漸《ようや》く茲《ここ》に略《ほぼ》々其の結果を得たりと信ずるに至れり。仍《より》て今後の行動の順序を規定すること左の如し」とのべている。「今後の行動の順序」は、「近公と町田翁〈民政党総裁〉の会見」にはじまり、「町田翁の民政解党宣言――新党創立準備事務開始――政友其《そ》の他各派解消又は大量脱党――各方面創立発起人勧誘決定――発起人総会開催――発起人総代選定――発起人総代と近公数次会見――近公総裁推戴承諾――近公より新党の指導方針、組織機構運営方針の指示――近公の新党に関する天下に対する声明――新党の宣言・綱領・党則及び役員予定――結党式挙行〈結党趣旨・宣言・綱領・党則決定・総裁推戴・役員決定・総裁演説〉」を進行させるという計画であった。

　このメモによると「近公を首領とする挙国的単一強力政党の成立は、我が憲政史上画期的偉業と称すべく、而《しこう》して近公は政治責任明徴《めいちょう》の大義に基き、内閣総辞職の挙に出ずることを要す。而《し》かも這箇《この》強力組織の上に立脚せる近公に対しては、組閣大命の再下あることを想察せざるべからざるに依《よ》り、若《も》し大命再下ありたる場合は、非常時局徹底的打開の為め奮って内閣再組織を遂ぐる覚悟あるを要す。其《そ》の準備事項の規準は別に之《これ》を定む」と予定しているのである。

　しかも同書によると「その計画はかなり具体的なもので、新党結成の目標を昭和十三年九月中旬に置き、九月十三日近衛の西園寺公訪問、同十四日近衛が各党代表を招いて解党と新党参加を勧誘、十五日近衛参内の上挙国一党の新党樹立を内奏、十六日新党結成という段取りまで出来て」いたという。前引の野村重太郎の文章も「秋山のプランによれば、党名も『大日本党』ときまり、結党式の日取りから、之《これ》に先立つ内奏の次第まで決って居り、宣言・綱領・幹部に至るまで万端の用意すでに成るというので、九月中旬を期して大旆《たいはい》をあげる予定だった」としている。この期日は「有馬頼寧《ありまよりやす》日記」の記述とも符合し、また前にふれた青木保三の回想には、やはり九月中旬に第二次政党本部占拠計画が行なわれた（この際社大党から「内田定五郎……が先頭に、大型貨物自動車一台の応援隊が乗り込んで来た」という）と記している。このグループが政党解散↓新党結成の当初の目標を九月中旬としていたことがわかるのである。

彼らがこの計画を作ったのは、むろん計画の不可欠の要素である近衛にはたらきかけて、彼らなりに近衛が動きそうだという印象を得たからであったろうし、すでにその実現のために各方面にはたらきかけはじめていたのである。その情報は各方面に伝わりはじめた。

厚生大臣であった木戸幸一にこの情報をもち込んだのは、木戸のところに以前から出入りしていた政治浪人の松井成勲で、それは一三年九月七日であった。近衛が新党党首として乗り出すという話を松井から聞いた木戸は、この夜近衛に事実をただしている。これに対して近衛は、漢口攻略後においてあるいは蔣介石《しょうかいせき》を相手にしなければならなくなるかも知れぬし、また失業問題も深刻化しているので、これらに対処するためには政党を打って一丸とし所謂《いわゆる》一国一党的態勢を整える必要ありとのことで、秋山、秋田、久原、麻生などが参加し、政友会の前田米蔵《まえだよねぞう》も近頃秋田の仲介で秋山に会見したというが、このように政党合同運動が進展した場合に、党首を断るのもどうかと思ってあいまいな返事をしている、と答えている（『木戸幸一日記』）。木戸はこれにつよく反対した。

思惑の入り乱れる「新党」運動

他方、以前から近衛新党の推進者の一人であった有馬頼寧《ありまよりやす》農相の日記をみると、九月九日有馬は近衛と昼食を共にした際、近衛から秋田、秋山、久原、麻生らの一国一党の計画が、満足するようなものが出来たら出馬する、つまり党首になるつもりだと聞いて、「感心せぬが恐らくは不成立なるべし」と記している。有馬が感心しないといっているのは、有馬が以前から近衛の希望で、当面は一国一党ではない「革新」新党を計画していたからであろう。

そして九月一三日、有馬は内務省警保局長の本間精の訪問を受け、本間から、新党運動が進行して、一四日に総理から陛下に奏上し、閣議の承認を得、民政党が解党することになっている、また新党の幹部も決定されており、これには前田米蔵、中島知久平《なかじまちくへい》、桜内幸雄《さくらうちゆきお》なども関係しているという話を聞いている。有馬は、亀井貫一郎の「放送」らしいと日記に書きつけた。

さらにこの時期近衛に近かった政友会の長老小川平吉《おがわへいきち》は、もう少し早くこの情報を得ている（『小川平吉関係文書』）。八月二七日に中溝多摩吉が来て、近衛がすでに新党創立を決意したと告げ、秋山定輔からの話をし、助力を要請した。中溝は今夕安達謙蔵《あだちけんぞう》にも言う予定だとのべて去った。小川はこの日来訪したやはり政友会の長老で、近衛新党推進派の中心の一人であった前田米蔵とこの問題について話し合っている。小川は中溝の言に疑いをもちながらも、近衛が新党総裁出馬に心を多少動かしたことは事実であろうと判断した。

小川は翌八月二八日に近衛を訪問し、この問題で四時間半話し合った。近衛は当初「秋山に対して出馬を明言せざるは勿論《もちろん》、各方面賛成の場合にも考えて見るとも明言せず」などと否定していたが、結局小川によれば近衛は「軍部及右翼方面賛成あるに於《おい》ては出馬の意あること明白」であった。

小川との問答の中で重要なのは、近衛が「板垣〔征四郎・陸相〕協和会の経験もありて新会設立に賛成なる旨を進言せり、実は是《これ》が予の心を動かせる動機なり」とのべている点である。陸軍が賛成、というよりももっと積極的であったらしいこと、そして石原グループである板垣が協和会のイメージで新党を考えていたらしいことは注目に値しよう。そしてもう一つ注目されるのは、近衛は池田成彬《いけだしげあき》が熱心な新党主張者で「経費の負担も辞せず」といっているとのべている点である。

小川はこのあと、秋山、秋田、頭山満、久原などと連絡をとりながら新党結成推進を図っている。ただ、八月三一日朝近衛からの電話で、秋山が、秋山、小川、麻生、中溝の会合をするからその席に近衛に出席してほしいといってきたがどうしようか、との質問があり、小川は「不可」と答え、九月四日に小川は軽井沢に近衛を訪い、秋山、前田、秋田、小川の会談を提唱し、秋山が麻生、中溝を入れたいというが問題とならぬとのべている。これらからみて、小川の意図が既成政党優位の新党推進を図ろうとしていたことはたしかである。

こうして、新党問題に対して、さまざまな反応があったからであろうか、秋山、麻生らの当初の計画であった九月中旬スタート説は実現に至らなかったのである。そして九月二七日から、近衛の命により新党問題は木戸幸一厚相、塩野《しおの》季彦《すえひこ》法相、末次信正内相の三相会議にゆだねられている。

この三相会議に付された案は末次内相の命令で、安倍源基警視総監、本間警保局長を通じ

小川平吉

て内務省の「革新」官僚によって作成され、呈出されたものであった。彼らは前述のように、以前から新党運動にコミットしていたので、亀井らの作成したそれと極めて近似していた。

九月末から一〇月末段階までこの会議で審議されたと思われる六通の案がのこされている。当初「皇国日本党」と仮称された案が、一〇月中旬に「大日本皇民会」と改称された段階から、内容的にも大きな変化が生じた。それは第一に「総裁は本会最高の指導者にして本会を代表し之《これ》を統率す」ると同時に、他方「大会は本会の最高決議機関にして、帝国議会議員、同議員たりしもの、中央部役員、各支部長及支部代議員を以て組織す」るものとされ、総裁独裁制が否定され、第二に「総務会は総裁指名の総務□《(欠)》名より成り、総裁指導の下に本会の要務を執行す」るものとなり、この総務会の統轄の下に各部がおかれる形となり、第三に前者において重要な役割を果すことになっていた幕僚の部分は執行機関から離され、かつ縮小されており、人事会議の構成メンバーも増大され、政策決定も政務調査会によるものとされ、全体として代議士の比重がたかまり、既成政党的色彩が濃厚となった。

近衛の変心とその理由

一〇月二一日に病気から回復した有馬も加えて四相会議が開かれているが、有馬の日記によると「午後は新党の件につき四相会談。木戸氏より総理の決心が又ぐらついたとの事で、内、法二相からも一度たしかめることになる。やはり総理には無理の様に思われる。ヘタに手をつけるより止めた方がよいのではないか」ということで、この頃から近衛の態度があやしくなったらしい。二五日にも風見が有馬のところに来て「総理は新党の話をあまり進めてもらいたくない様子なる故、今日は開かぬ事にしてもらう。塩野氏は首相が進まねば仕方なしと考えて居る様なり。末次氏は中々思い切れぬらし」という話をしている。

もっとも塩野はそう簡単にあきらめたのではないらしく、彼の回想によると一一月四日の閣議後（ここで木戸から中止の事を初めて言われたとしている）、末次と二人で総理に談判したところ、近衛は「従来の政党とあまり変らぬものを創っても仕方がないから止めます」と平然と答えたのでどうにもならなかったという。この近衛の中止の理由はさきの草案の変化からみて納得しうるところがあり、有馬も、近衛は元来既成政党以外による新党を作ろうとしていたのだと回想している（『政界道中記』）。むろん後述のようにそれだけが近衛の躊《ちゅう》躇《ちょ》の原因であったわけではない。

この内閣の書記官長であった風見章の回想によると、三相会議の相談のまとまった時、末次が一枚の紙をわたし、この通り取計らってくれとのことで、見ると、「その翌日には政友会と民政党の代表者を、翌々日には社会大衆党、東方会、国民同盟等の小会派の代表者を、それぞれ首相官邸に招くという、時間割まで入れた念入りなプログラムであった」。そして末次は「それらの連中をよびつけて、新党結成を宣言し、さんせいをもとめて、一気に一国一党の大政党を、でっちあげるのだ」といったという。風見はそんな事で政党が出来るものではないと思って近衛に話したところ、三相と近衛と風見の相談会で「まあ、当分、やめておこうよ」と、あっさりケリをつけたのだ、という。

この間小川も近衛と連絡をとりながらかなり熱心に各方面を動きまわった。小川平吉の日記の記述を通じて特徴的なのは、第一に従来も既成政党内で近衛新党を推進してきた前田米蔵、中島知久平、桜内幸雄らが積極的に反応していることである。九月一六日に小川と秋田は準備委員の人選について、政友、民政各六、七人、小会派は望月圭介、秋田清、安達謙蔵、山崎達之輔《やまざきたつのすけ》、陸軍は小磯国昭、真崎甚三郎、海軍は安保《あぼ》清種《きよかず》、山本英輔、実業家から池田成彬、各務鎌吉《かがみけんきち》、小倉正恒ら、貴族院からの人選は近衛の意見による、ということで意見が一致している。これは「革新」派を除外した挙国一致といってよいだろう。そして第二に平沼騏一郎《ひらぬまきいちろう》らのいわゆる観念右翼が、秋山、秋田が主動であるということを理由にこの運動に反対し出し、近衛が躊躇し出したらしい。第三に近衛が躊躇していることによって秋山らとの関係が悪化しはじめたらしいこと、などである。

そして近衛は一〇月二四日には小川に対しても新党結成に躊躇の色をみせ、新党運動を国民精神総動員中央連盟の改組に切り替えたことを伝えた。一一月一五日三相会議で「国民再組織運動」について協議のあと、二五日には五相会議、二八日以後は八相会議が開かれ、一一月一一日付の内務省起案の「新東亜建設国民同盟の趣旨及要綱」にはじまり、「報国会に関する件」と変っていく議案を検討している。これらの案では、さきの皇民会案と異って会は政治指導体としての性格を失い、内務省の外廓団体的な性格をつよめている。有馬の日記によると、一一月二八日の八相会議で「永井〔柳太郎〕氏は新党を主張し、中島氏はかくの如きものの到底成功せぬ事をいう。しかし総理の意図を無視して何の計画も無意味な旨を述べ、至急其《その》成立に進むことを相談」したが、一二月一日には「どうやら纏《まと》まる。末次内相のみ副総裁とし、内務省が実権を握る事になった」。以後も議論がつづけられ、九日の閣議で、この問題は内、文両相の相談ということにきまった。そして一ヵ月後の一四年一月四日近衛内閣は総辞職し、このプランも遂に流れてしまったのである。

有馬がのべているように近衛が消極的になった以上この計画は成り立たない。まさしく近衛新党計画であったのである。近衛が消極的になった理由の一つは計画が既成政党主導型になり、元来反既成政党的な近衛の気に入らなくなったことであったろう。それよりも、九月頃ドイツから日独防共協定強化＝軍事同盟化が提起され、推進する陸軍と反対の外務省、海軍との対立で閣内が不一致となり、近衛がそれを解決困難とみて、内閣をなげ出す気になっていたことを見逃すことは出来ない。しかも「支那事変」の解決のいとぐちと考えていた汪《おう》兆銘《ちょうめい》工作が進行し、一二月には汪が重慶を脱出することになった。近衛は自らの政治的生命を温存するため、これを大義名分として、政権から退こうとしていた。その際「挙国新党」はお荷物にならざるをえない。ましてや既成政党の主導型の新党では近衛は結局かつがれることになる。そこでこれを打切っていく、こういう配慮があったのだと思われる。

さて、この一三年の近衛新党計画を、何か実現の根拠のない机上のプランのようにみなす向きもある。しかし、ほぼ同様の計画と経過をたどった二年後の昭和一五年の近衛新党＝近衛新体制運動が無政党時代を現実のものとしたことをみれば、そのように考えることは出来ないであろう。

新体制運動の先駆

この新党計画の一つの推進力は秋山、秋田、麻生、亀井らであった。彼らは前述のように各分野での「革新」派を結集し、「支那事変」が軍事的には進展しているにもかかわらず、最終的な解決の方途が見当らず、それをめぐって政界が混迷に陥っている中で、東亜協同体の建設をめざして対外対内政策の大変革を遂行すべき一国一党体制を、近衛をリーダーにかつぎ上げることで、クーデター的に成立させようとしたのである。彼らは資本主義体制の支柱としての既成政党や旧勢力を権力から排除しようとしたが、同時に「挙国一党」という形で既成政党を解党させ、彼らの中の「革新」的な部分をも吸収し、かつ実質的に自らが党の幕僚部をかためることによって主導権を握ろうとした。

この新党計画の推進のもう一つの力は、近衛新党によって、再び権力の中枢に近づこうとした既成政党の側であった。昭和九年頃から宇垣ないしは近衛をかついで既成政党の合同による政権への復帰をめざした運動がすすめられていた。そして「支那事変」下の混迷はこのような動きをつよめていた。亀井らの動きと関連をもっていた杉原正巳は「軍部の革新派から『革新政策実施の先決問題の解決』『新興政治勢力の結集』として要求された新党」つまり「革新国民党とも言うべき」新党と、「準戦時体制促進のための政治部隊、独占資本主義党」「独占資本のファッショ党」を区別している（『解剖時代』一二年六月号）が、彼のいう後者はまさに既成勢力の再編成による新党であった。

いわば、この推進勢力の上に近衛があり、近衛は後者をも含めた形で、うまく実現出来るようだったら、これを積極的に推進しようと考えていたのである。結局失敗に終った計画を近衛は二年後新しい状況の中で再びとり上げることになる。

第二部　近衛新体制運動の展開〈昭和一五年〉

第五章　近衛新党に対するさまざまな期待

「革新」派の雌伏期

第一次近衛内閣の崩壊後、昭和一四年（一九三九）一月五日に平沼騏一郎《ひらぬまきいちろう》内閣が成立した。平沼は従来、復古的な現状打破を主張しており、伝統的な「右翼」や皇道派や海軍の加藤寛治《かとうひろはる》らとも連携していたが、昭和一〇年前後から彼の主宰していた国本社を解散したりして、「ファッショ」という非難を打消そうとしていた。彼は強烈な反共産主義者で、かつナチスのような「社会主義」がかった改革を嫌っており、近衛新党のそうした側面には警戒的であった。新内閣の内相に新任した木戸は、「近衛新党」に干与していた内務省内の「革新」派をおさえる努力をし、また政府としても、一方で近衛内閣の継続という姿勢をも示しながら、他方新党ないしは国民再組織という構想を全くひきつがなかった。

前内閣からひきつがれた防共協定強化問題は内閣内部の対立のもととなった。防共協定強化を推進する陸軍は、反英運動、日独軍事同盟締結にむけて「復古—革新」派、とりわけ「革新」派を動員していた。しかし八月の独ソ不可侵条約締結の発表は、日独軍事同盟路線とともにこの平沼内閣をも吹き飛ばしてしまった。

ところで、近衛新党推進グループはどうしていたのか。近衛総理を失ったことで、大計画に失敗した社会大衆党は、中野正剛《なかのせいごう》の東方会、そして、近衛や有馬頼寧《ありまよりやす》が背後にあるといわれた日本革新農村協議会（前年、産業組合青年連盟中の「革新」派が結成した）との合同によって、新しい全体主義新党の結成を試みたのである。この計画は、のちには離脱するが当初は安達謙蔵《あだちけんぞう》の国民同盟をも包含しようとするものであった。結局三党の間で「血盟の同志を基礎とする全体主義単一国民政党」結成の準備は順調に進行し、一四年二月二七日の結成大会まで予定されていたにもかかわらず、結局役員問題をめぐって対立し、白紙還元になった。

二月二八日に中野は同志大石大《おおいしまさる》に送った書面で「今朝近衛公に会見、悠《ゆ》っくり打明け話を致候《いたしそうろう》。社大側の陰謀逐一明白と相成候。矢張《やは》り運動の主流は麻生、亀井、秋山、中溝にて麻生は三輪すら欺きて東方会を欺かんとせし也」とのべ、三月に入ってからの手紙の中でも「過失は最初にあり、而《しこう》して形勢の進展に伴いてあの儘《まま》進めば東方会は社大に呑まるるに至るを痛感せり。そこに先方にも変異を生じたる結果此方も其《その》機に於《お》て退陣せしなり」といっているが（『大石大自伝春風秋雨八十年』）、双方の新党における主導権問題に原因が求められよう。そして合同の失敗がそれぞれの党内の対立や分裂をひきおこし、三党ともに打撃を受けたのである。

ところで、平沼内閣退陣後をうけた阿部《あべ》信行《のぶゆき》、米内《よない》光政《みつまさ》（一五年一月成立）両内閣は、三国同盟路線に冷淡であり、かつ欧州戦争不介入を方針としたので、陸軍とりわけ軍内「革新」派の憤懣を招いていた。こうした中で昭和一四年一二月七日東亜建設国民連盟準備会が結成されている。これは安達謙蔵、末次《すえつぐ》信正《のぶまさ》、中野正剛、松井《まつい》石根《いわね》、橋本《はしもと》欣五郎《きんごろう》ら二六名を創立準備委員としていたが、前述の近衛新党の中心人物の一人末次信正を中心に、東方会＝中野正剛、国民同盟＝安達謙蔵、大日本青年党＝橋本欣五郎などを傘下に収め、明倫会や信州郷軍同志会、大亜細亜協会（下中弥三郎）などが参加して、いわば、社大党を除く民間「革新」派の総結集ともいうべきものであった。この団体は翌一五年四月二九日に結成式を挙行したが、準備会の段階から反英運動を展開して、政府を牽制し、後述のように近衛新体制運動の中心の一部となった。

昭和一五年一月の浅間丸事件（房総沖の日本領海付近で英軍艦が、日本船浅間丸を臨検し、交戦国人たるドイツ人の船客二一名を逮捕した事件で、前年来の反英運動を沸騰させた）をキッカケに、連盟は各地で演説会を開き、浅間丸事件批判だけでなく、「支那事変」処理、英帝国主義の打倒とアジアの解放、既成政党の解体による国民組織の結成等を訴え、かなりの反響をよびおこしていた。

近衛新党運動の再興

昭和一三年の暮に一旦消滅した近衛新党運動が本格的に再興したのは、昭和一五年に入ってからであった。前年にはじまったヨーロッパの戦争は独ソ不可侵条約による両国のポーランド分割後、ほとんど動きがとまっていた。この戦争が、ドイツの電撃作戦によって大きく動き出したことが運動再開のきっかけであった。四月、ドイツはノルウェー、デンマークに進攻、つづいてオランダ、ベルギーを侵略、フランスへの進撃を開始した。これは文字通り電撃作戦であり、五月一五日オランダが降伏、六月一四日にはパリが陥落したのであった。こうした状況の急速な変化は、前年来の日独ソ関係に結着をつけることを急速に解決すべき問題とした。またそれだけでなくドイツに占領された諸国の東亜における植民地の帰属問題（仏領印度支那〈ヴェトナム〉、蘭領印度〈インドネシア〉等々）について、日本の外交方針を決定しなければならなかった。それは日本外交の世界戦略の決定でもあった。さらにそれにともなう国内体制の整備の必要をも切迫したものとした。

ヨーロッパ戦争不介入の立場をとっていた米内内閣に対する、軍や「革新」派の反撃は強化され、次期総理候補として近衛が再び大きくクローズアップされてきたのである。三国同盟→南進→大東亜共栄圏の確立（「支那事変」の解決）というこの状況へのよりはっきりした対応が要望されたのである。

近衛新体制問題は国内政治の面では、この年二月、帝国議会で斎藤隆夫《さいとうたかお》が行なった陸軍批判の演説をめぐる議会内での動きが重要なきっかけとなっている。斎藤隆夫の痛烈な軍批判に対し、とりわけ陸軍は憤激して除名を要求し、議会内諸党派はその賛否をめぐって内部対立した。その結果、斎藤は遂に三月七日除名されるに至った。この時除名に反対して青票を投じたのは七名であったが、棄権ないし欠席という形で反対の意思表示をしたものも少くなかった。民政党の一部と政友会久原派中の鳩山グループ、そして社大党の一部がその中心であった。社大党の中の旧社民系はその結果党を除名されるに至っている。

三月二五日に斎藤除名推進派の議員が中心になって聖戦貫徹議員連盟が発足し、これもやがて近衛新体制推進の一つの力となっていく。この連盟は、肥田《ひだ》琢司《たくじ》が主唱し、西方利馬《にしかたとしま》、津雲国利《つくもくにとし》、西岡竹次郎《にしおかたけじろう》、清瀬《きよせ》一郎《いちろう》、赤松克麿《あかまつかつまろ》、小山亮《こやままこと》、三宅正一《みやけしょういち》、中村高一《なかむらたかいち》、永山忠則《ながやまただのり》らがメンバーの中心で、各派有志代議士一三〇余名が参加した。当時陸軍省軍務局内政班長であった牧達夫によると、このグループに軍務局は内面指導したという（『牧達夫氏談話速記録』）。

連盟はまた「政治体制整備方策」を定めたが、それは、「一切の国民不安を解消し、国民をして向うところを知らしめ、挙国一体国策の完遂に邁進せんとせば、強力にして革新的なる政治力の存在が絶対に必要である。而《しこう》して斯《か》くの如《ごと》き政治力の母胎をなすものは、実に一大強力新党でなければならぬ。現下の急迫せる事態を観るとき、我等は此《こ》の一大強力新党の出現が一日早ければ一日だけ国運進展のため幸慶なりと信ず」とし、新党の性格が「従来の自由主義的政党並に階級主義政党の観念を排し、国体の本義に基き、大政翼賛の国民意志を綜合し」「同一時局認識に立つ政府と合体協力して国民を指導すべきもの」であり、「万民輔《ほ》翼《よく》の道を完遂すべき全国民組織の上に立脚すべき」ものとした（『伝記西岡竹次郎』）。彼らは既成各党に解党をはたらきかけていた。

すでに三月二二日に近衛と会談した有馬《ありま》頼寧《よりやす》はその日の日記に「現内閣もあまり長くはないらしいが、次の内閣はもはや今迄《まで》の様なものは作れず、従って新党を作る要ある。軍がやればよいがそれも中々むずかしい。米内さんに新党をやらしてはというていたが、私は小磯氏なら出来るかもしれぬというた。公は、秋田氏等でなく私等でやって欲しいような事をいうていた」と記している。とにかく状況の切迫に応じて従来から課題となっていた新党を作ることが話題になっているのである。このあと二八日に有馬は風見章《かざみあきら》、古野《ふるの》伊《い》之《の》助《すけ》、三輪《みわ》寿《じゅ》壮《そう》と新党について意見を交換し、三一日には宮崎龍介、三宅正一、平野学、柴尾親弘が来訪し「革新政党樹立」について相談している。さらに四月二日には永井《ながい》柳太郎《りゅうたろう》を訪問して意見を交換し、「大体賛成を得」、また三宅正一に会って「先日の相談については、自分は近衛氏を中心とする新党へとやって見た上でなければ革新運動をやるのは早計だ、という意見を述べておる」いたという。日記の記述は簡単で充分に意をつくさないが、どうも既成政党をも含めた「挙国党」ともいうべき構想と、「革新」派のみを集めた「革新新党」の構想とが交錯していたらしい。

風見章の戦略

有馬頼寧の日記をつづけてみていこう。四月一二日「午前十時近衛公を訪《おとな》う。新党の事につき相談。大体決心された様に思う。木戸氏と相談してくれとの事故《ことゆえ》、近く木戸氏と面会、その上で近衛公と三人で会談、其上《そのうえ》で後藤、結城の諸君と相談の事とす」、四月一四日「七時……近衛公と三人にて話すことに約束する」、そして四月一九日「六時平河町の錦水の別館に行き近衛、木戸両氏と会食。いろいろ新党の事について話す。やはり具体的には進まぬが、近衛氏への大命降下の可能性の多いことと、政界の現状から見て新党の必要は痛感される。如何《いか》にして成立せしむることが最善であるかについては、今後研究をし幾度も会見することとし、十時帰宅す」。この段階で、予想される近衛内閣を支えるべき新党を結成するという方針は、この三人の間で一応の合意が成立していたのである。

しかし実際にこの問題が動き出したのは、「風見章日記」(かつて筆者が遺族から利用を許された)によると五月中旬であったらしい。風見は五月一六日に政友会の久原房之助《くはらふさのすけ》から電話で面会を求められて、翌々一八日に久原と会った。久原がいうには一六日午後、往来倶楽部で、新党問題について山崎達之輔《やまざきたつのすけ》、前田米蔵《まえだよねぞう》両氏と熟談したところ、両氏は「近衛公ガ進ンデ政党ノ組織ニ着手スル旨ヲ瞭《あき》ラカニセバ新党ハ立チドコロニ結成サルベク、随《したが》ッテ近衛公出馬コソ新党結成ノ最善ノ道ナルガ故《ゆえ》ニ、同公出馬ノ決意ヲ俟《ま》ッテ新党結成ニ着手シタシトノ意嚮《いこう》」であり、自分はこれに賛成した、両氏はそれならば風見氏に依頼して近衛の意向を打診したらよいというので、早速にあなたに面会を求めた次第だと語った。

　久原が相談をした前田米蔵、山崎達之輔は前年政友会が分裂した際、政友会中島派に所属した幹部である。政友会の大合同を中心に近衛を総裁とする一大新政党の結成を、前述のような状況の中で、政党の唯一の再生の方向として彼らは選択したのであった。

　風見は、すでに有馬らと相談していたこともあり、自分は近衛の意向については知るところではないが、今日の世界の情勢から考えても国内の事態から考えても、真に国民を基礎とした堅固な政治体制を建設することは、いやしくも政治に志のあるものならば何人でもこれを緊急の課題と認識している、この「新体制」建設のために政党の解消が必要ならば政党が

風見　章

自発的に解消すべきものであって、近衛公が出馬するか否かということを新党結成の動機とするのはおかしい、近衛としてもこのような情勢で、そうした動きを傍観することが出来ないのは当然であるから、運動に参加し、乞われれば総裁となることもあるだろうが、新体制建設の運動展開の結果としての参加はありえても、運動展開の動機として近衛出馬を問題にすることは無意味だ、と答え、さらに「凡《およ》ソ苟《いやし》クモ政治的感覚アラバ、今日ノ状勢ノ下《もと》ニ在《あ》ッテハ、寧《むし》ロ今日ヲ俟《ま》タズシテ自カラ政治家タルノ責任ヲ自覚スル以上、政党人ハ自発的ニ目ノ色変エテ新政治体制建設ノタメニ奮起シ居ルベキ筈《はず》ニシテ、ソノコトノ為メニ敢然《かんぜん》討死モ辞セズトノ決意ヲ瞭《あきら》カニシテコソ、ココニ初メテ新政治体制建設ノ第一歩ハ踏ミ出サルル所以」とつきはなした言い方をしている。もっとも最後に一応近衛の意向は聞いてみようと答えている。

風見は、既成政党のお膳立ての上に近衛が乗るという形で新党結成をすると、当然の結果として旧政党勢力の力を大きくし、近衛が操縦される結果をまねくから、そのようなコースを好まなかった。というよりも、彼の考え方は、五月一九日近衛に電話し、さらに翌二〇日に近衛に向って語った言葉、「何《いず》レニシテモ既成政治勢力ヲ叩キ壊スニ非《あらざ》レバ新シキ政治体制ノ出発ハ不可能ナルヲ以《もっ》テ、何ヨリモ先《ま》ズ既成政党爆破工作ヲ第一ノ目標トシテ、諸方ニ斡旋スルノ急務」なること、「コノ下心ニテ久原派并《ならび》ニ中島派ニ働ラキカクルコト」——によくあらわれている。まず政党を爆破すること、その上に近衛が思い通りに新しい体制を作ること、これが風見、そして近衛の戦略であったのである。

新党樹立覚書

こうした動きを背景に五月二六日に近衛、木戸、有馬の三人は会合して、新党樹立に関する覚書を作成した。それは次のようなものであった。

記

一、大命ヲ拝スル以前ニ於《お》テハ新党樹立ハ積極的ニヤラヌコト。
但《ただ》シ政党側ノ自発的行動ニヨッテ新党樹立ノ気運生ジタル時ハ考慮スルコト。
一、大命降下アリタル場合考慮スベキ事項
(イ)陸海軍両総長、内閣総理大臣、陸海軍大臣ヲ以テ最高国防会議ヲ設置スルコト。
(ロ)陸海軍ノ国防、外交、財政ニ関スル要望ヲ聴取スルコト。
(ハ)新党樹立ノ決意ヲ表明シ各政党ニ対シ解党ヲ要求スルコト。
一、総理ト陸海軍大臣ダケニテ組閣シ他ハ兼任トスルコト。
但シ情勢ニヨリ二、三ノ閣僚（例エバ外務等）ヲ選任スルコト。
一、新党成立ノ暁《あかつき》党員中ヨリ人材ヲ抜擢シテ全閣僚ヲ任命スルコト。新党結成前ニ選任シタル閣僚ハ必ラズ新党ニ加入スルコト。

この第一項は、既成政党の全面降伏の上に、風見のいうように既成政党を「爆破」した上で、新党結成をするということであり、同時に政権獲得後その強みを背景に新党をということであったろう。しかし風見は戦後になって「政党解消なんということは勿論《もちろん》夢にも考えていなかった」と回想している（『新政治体制の由来と其経緯』）。

さて風見は何回かの交渉の末、五月二八日には政友会中島派をして「一、近衛公ノ出馬ヲ俟《ま》ッテ解党スベシトノ考、一、新党結成ニ関シ、事前ニ党外ノモノニ参加勧誘スベシトノ考、一、暫ラク情勢ノ推移ヲ静観スベシトノ考」を捨てさせることが出来た、つまり既成政党側の全面降伏をかちとったことを報じている。そしてまたこの日、次のような申合事項を決している。

一、政党側は左の目標により自発的に運動を開始すること。
イ、国防国家の完成
ロ、外交の振張
ハ、政治新体制の建設
一、諒解事項（秘密）
イ、既成陣営中参加せざるものに対しては対手とせざること（民政党の主流及久原派の一部)。

ロ、参加政党側の事実上の解党手続は新体制準備次第直ちに行うこと。

ハ、広く人材を政党外に求むること。

ここにかかげられた三項目の目標は明らかに「革新」派のそれであった。風見はのちに前述の回想の中で、第一項は軍部の反対を防ぐためのものであり、第二項は日本が世界戦争外に立つための外交強化の意味であり、第三項はそれらのための軍部中心でない国民の政治力を結集した政党の結成の意味だとしているが、これは戦後的な価値による読み替えでしかない。当時の一般的な理解からすれば、第一項は文字通りの意味であり、第二項は枢軸外交の強化、第三項は軍の「革新」派を含めた強力な政党(場合によっては一国一党的な)でしかありえない。

なお、秘密了解の第一項の、久原派の一部というのは自由主義派=鳩山一郎派であり、民政党の主流は町田忠治《まちだちゆうじ》を中心とするやはり自由主義派と目されたグループであり、そのことからも既成政党内の非自由主義派の団結ということが含意されていることが明らかである。また政党外の人材云々は具体的に考えている対象は双方で異っていたと思われるが、いわゆる玉虫色の表現であろう。五月二七日に太田正孝が山崎達之輔と会談の結果作成したという「新党結成ノ場合創立委員トシテ事前ニ連絡ヲトルベキ人名表」に、河原田稼吉《かわらだかきち》、瀧正雄、後藤文夫、伍堂卓雄《ごどうたくお》等々があげられていたのに対し、風見は「コレ等ノ人材ヲ以テ新政治体制結成ノ中心人物タラシメントスルガ如《ごと》キハ滑稽モ甚《はなは》ダシ」とはねつけている。風見らは恐らく後述のように軍部や民間「革新」派を考えていたのであろう。

ところでこの申合せをした翌々日、風見は原田熊雄《はらだくまお》から求められて会見している。この時の話は内大臣後任問題（六月一日木戸が内大臣に就任）であったが、同時に新党問題についてのさぐりであったようである。原田は過日この問題について町田に会ったところ「近衛公出馬セバ町田氏ハ欣然参加スルノ意嚮《いこう》ヲ洩《も》ラシタ」とのべた。風見は「近衛公出馬セバ解党シテ、ソノ傘下ニ集ルトハ厚顔無恥モ亦《また》甚ダシ」とし、さらに「町田氏ガ自ラ立ッテ政党ヲ統率セントスルガ如《ごと》キハ烏滸《おこ》ガマシキ次第ニテ、国民ハ斯《かく》ノ如キ政党ニハ苦笑ヲ送ルノミナルベシ。町田氏ノ任務ハ民政党ヲ解消セシムルダケガ役割ニシテ、夫《そ》レ以上ノ役割ヲ買ワントスルガ如キハ身ノ程ヲ知ラズト云《い》ワザルヲ得ズ。民政党ノ解党ト同時ニ、民政党今日マデノダラシ無カリシ党情ノ責任ヲ一身ニ背負イ隠退シテコソ公人タルノ責任ヲ果スモノト云ウベシ、コノ点ニ間違イアルベカラズ」とのべている。風見らは各党の解党と新しい組織への白紙委任を要求していたのである。

さらに風見はその翌日、これまでも連絡の密であった民政党の「革新」派の代表的存在である永井柳太郎と会談、「民政党解党ノ急務ナルヲ説キ、仝氏《どうし》幷《ならび》ニ桜内氏等ガソノコトニ関シ町田氏ニ献言スルノ得策ナル」ことをのべ、「永井氏快諾」、翌三一日には桜内に同様のことを説いている。

新党の組織方法

ところで、このあと新体制の理論化について重要な役割を演じることになった東京帝大法学部教授矢部貞治が、近衛のブレーン集団といわれた昭和研究会の主宰者後藤隆之助につれられて近衛を訪問したのはその翌日の六月一日であった。矢部はその日の会談について日記に詳細に記しているが、その中で、近衛が「近い中に……新党運動に打って出る決意を明かにされた」こと、そしてその新党は「新興勢力三で既成政党二位のところでやっているとの事、但《ただ》し、将来新興勢力と旧党とが衝突すれば新興勢力と一緒にやるとの決意も明かにしていた。最近の既成政党の解消運動も、近衛が木戸や風見を通じて、やらせていることとなることが判」ったと記している。

以後、近衛の側近グループや昭和研究会のメンバーなどと連絡をとりながら矢部はその構想をまとめ、一ヵ月後の七月七日に軽井沢に近衛を訪問し長時間にわたり討論した。矢部は彼の語った新体制構想全体について記録しているが、そのうち政党問題については、「国民組織を対象とする。強力新党の形を採るも一国一党主義には非ず。政府・軍・官と対立せず、表裏し、議会選挙のみを目標とせず。故に政党の修正ではなく国民運動」とし、その組織方法として、A＝既成政党、B＝革新党派、非政治団体、青年運動等、C＝職能、組合の中堅分子のうち、①BCのみ、②BCを主とし、Aの優秀分子を統合、③AとBCを半々、④Aを主とし、BCを統合、⑤Aのみの順で好ましいとする。つまり近衛のいう新興勢力を中心とする新党を想定しているのである。これらから、近衛らがどちらかというと非既成政党勢力を中心に新党の結成を企図していたことがわかる。

ところで六月三日に風見は有馬を訪問して「政党解消ノ情勢頗《すこぶ》ル急ヲ告ゲントスルヲ以《もっ》テ、善後ノコトニ関シ速《すみやか》ニ具体的考慮ヲメグラスノ必要ナルヲ語リ」、その結果、翌四日朝荻窪の近衛邸で三人の協議が行なわれている。有馬の日記には「公の意思も大体定った様に思われたので此後の事について意見の交換をし」たと記しているが、具体的内容はわからない。

さらに四日の朝小山亮代議士が来て、久原が明朝米内首相に面会を申込み、

一、日本政界ヨリ親英派ヲ一掃スルコト。随《したが》ッテ親英的政策ヲ放棄スルコト。
一、速カニ交戦権ノ発動ヲ断行スルコト。
一、高度国防国家ノ建設ヲ完備スルコト。

の三項をつきつけ、即時同意が得られぬ場合には内閣参議の辞表を呈出するつもりだとの情報を伝えている。これは米内内閣に対する真正面からの挑戦であった。翌日小山が伝えたと

ころでは一日会見がのびたが、要求を容れぬ場合には「速座ニ松野鉄道大臣幷《ならび》ニ党出身ノ政務官ヲ辞職セシムル予定ナリ」とのことであった。

残念ながら風見の日記はここで終っている。結局久原は七日に内閣参議を辞任しており、すでにこの内閣発足当初に反撥して参議を辞任した松岡洋右《まつおかようすけ》、末次信正、松井石根らの陣営に加わり、以後各派とも、政府の外交方針の転換をせまった。

新体制推進派の究極目標

ところで、こうした近衛新党の動きの中で近衛側近グループの一人尾崎秀実《おざきほつみ》もその成功を期待していた一人であった。すでに彼は昭和一三年の際の運動に「多少の関係を持」っていたが（『現代史資料2』）、さらにこの時点でも「朝飯会での話合、後藤隆之助事務所に於《お》ける此《こ》の問題に付ての研究会にも加わって居」たのである。彼はこの年六月号の満鉄の内部極秘刊行物『時事資料月報』の中で次のようにのべている。

元来現在ノ所謂《いわゆる》新党工作ハ内容的ニハ三ツノ要素カラ成ッテイルト謂《い》ウベキデアル。第一ニハ新政党ノ樹立、第二ニハ内閣ノ更迭、第三ニハ国民再組織ノ問題デアル。理論的ニハ党ガ存在シテイテ此《こ》ノ活動ニ依《よ》ッテ国民再組織ガ行ワレ又内閣樹立ニ依ル政権把握ガ行ワレナクテハナラナイ。乍然《さりながら》日本ノ現在ノ場合ハ近衛個人ニ依ル内閣樹立或《あるい》ハ新党ノ形式的ナ樹立ハ出来ルデアロウガ、国民再組織ノ広汎ナ領域ハ残サレテシマウノデアル。

……

近衛運動（新党運動）ハ実際問題トシテハ先《ま》ズ上カラノ政権奪取ガ成功シ（之《これ》ハ成功率ハ突変的支障ナキ限リ一〇〇パーセントデアル。其《そ》ノ時期ハ遅クモ来月迄《まで》ニハ実現スルデアロウ）、ツイデ新党樹立ガ行ワレルデアロウ。勿論《もちろん》新党樹立ガ先行スルコトモアリ得ル（後者ノ場合ハ内部的ナ混乱ガ生ズル危険ガ一層大キイ）。其《そ》ノ後ニ於《おい》テ国民再組織運動ニ着手セラレルノデアロウ。近衛自ラモ要望スル新味アル結果ヲ期待スルガ為ニハ、単ナル内閣閣僚ノ顔振レニ新味ヲ出スト謂《い》ウガ如《ごと》キコトニ止《とど》マルコトハ出来ナイノデアッテ、党ノ性格ノ中ニ新味ヲ求メナクテハナラナイ。党ノ組織ノ中ニ、又其ノ直後ニ於《おい》テ活潑ニ行ワルベキ粛党工作ノ中ニ求メラレネバナラナイ。

これをさきの近衛の矢部にのべたことなどと関連させてみると、当面のスタートの形は別として新体制推進派の国家形態における究極的な目標が一国一党、党国主義であったことを知ることが出来るのである。

党を中心に政府そして大衆団体という基本的発想はむろんナチス党ないしは共産党のモデルからであろう。党結成直後から「行ワルベキ粛党工作」、つまり純粋の前衛政党化のイメージは、彼のみではなく恐らく近衛側近グループの構想を考える場合の重要なポイントの一つであろう。のち新体制準備会への陸軍からの委員武藤章軍務局長の補佐であり、以前から「革新」運動の推進者であった牧達夫は次のような回想をしている。

奥村〔喜和男〕氏と私が、奥村氏もドイツへ行ってナチスの研究をして来たものですが、私もおったもんだからして、ミュンヘンにナチスのいわゆる党の裁判所ですな。パルタイ・ゲリヒトというものがあるわけなんです、そのパルタイ・ゲリヒトというものをやっぱり翼賛会に作る必要があるという、若気のいたりで、それでこの党というものを非常にしっかりしたこの目的に沿うごとく、これから脱逸せんように沿うごとく自粛しておくところの党紀を粛正するための一つの翼賛会の軍法会議ですな、翼賛会の軍法会議というものを作る必要があるということを良いと思い込んで、それで私と奥村と二人で協力をして、総理大臣官邸でこの常任幹事と翼賛会をどういうものを作るかという時にこれを非常にしつこく奥村と私がやったところが、武藤さんはそれは反対したわけなんです。（『牧達夫氏談話速記録』）

一方、尾崎は六月一六日には矢部貞治に向って協力を求め、かつ「大体今のところでは本筋のものはなく、近衛公が出ても先《ま》ず過渡的な意味だろう」とのべているのであって、粛党工作の中で最高指導者である近衛自体すらも淘汰されるであろうことを想定していることがわかるのである。

矢部貞治の主張

ところで、『矢部貞治日記』をみていくと、六月二四日にも、尾崎から、近衛ブレーンの朝飯会への参加と、「近衛公のところに各方面から、色々の献策が来ているので、それを……整理してくれないか」と依頼され快諾している。そして六月二八日には、岸道三《きしみちぞう》、牛場友彦《うしばともひこ》、尾崎秀実の近衛側近グループに矢部も加わって、新党案を作成している。『矢部貞治日記』はそこでまとめた案を次ページの図のように示している。

翌日も四人で会合し、矢部が「昨日の案を考え直し、僕が段階を分けて書き直してや」った。さらにその翌日牛場から近衛のところに案をもっていったところ「在るべき体制については大体意見は一致したが、実現の方法については異論もあるので月曜日に荻窪まで同道してくれないか」との速達がとどき、翌日牛場、岸と三人で近衛と話し合っている。『矢部貞治日記』によれば「要するに近衛公が大命を拝受する前に新党の結成に関し、革新的な努力をするがいいか、それともこのままじっとしているかという問題」であり、三人は「多少の積極的態度を示」すことを主張したが、近衛はあまりのり気ではなかったらしい。

ただこの日の会合についての矢部の記述で注目されるのは、「軍は余程いきり立っているので、公の新党も余程革新的のものでないと、とても軍の満足を得られまい」と風見が近衛に進言してきたこと、これをきっかけに軍政論の可否が議論になり、矢部は「短い間に旧勢力を一挙にして清算するために軍政をやり、そのあとで、近衛公が真実の国民組織を以《もっ》て出て行くのも一応考えられるが、軍政は他に及ぼす影響が大きいので、矢張《やは》りここで近衛公が出るべきだ」と主張していることである。これには近衛も賛成したらしいが、可能性としてでも軍政による旧勢力の一掃が考えられていたことは注目される。

その日矢部は『週刊朝日』に約束した原稿を書いており、見直して結局七月五日に速達で

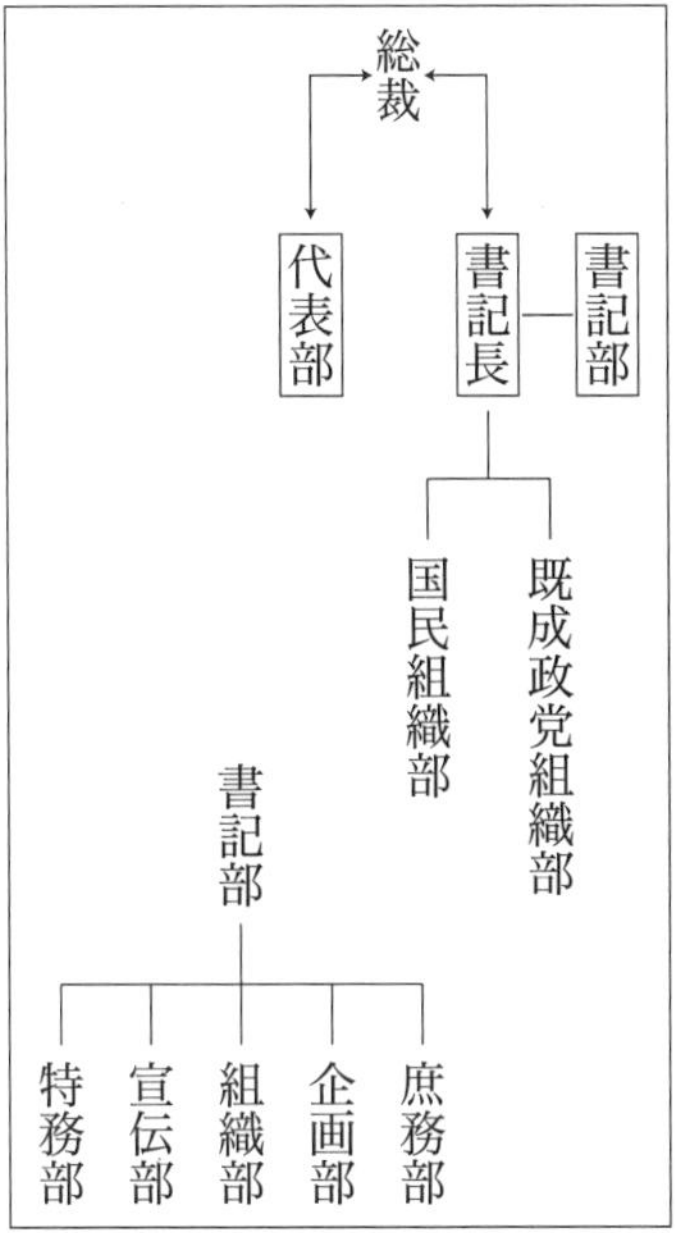

送っている。これが『週刊朝日』七月一〇日号に掲載された「新しい政治体制とは」という文章である。この文章は近衛やその側近たちの意見を反映していると思われるので要点をかいつまんで紹介しておこう。

(1)「近衛公の当面の企図は、真の国民的基礎に立つ一つの強力な新党の結成に在る」のであって、その党は「政治全体制の強化の推進力ともなり得る」ものである。

(2)「政治体制の強化」とは「一元的な政治の指導意思に、凡《あら》ゆる政治勢力と国民の総力が集中し、統合せられ、協同して、国策の樹立とその実現遂行が、適切、有効、迅速、果敢に行われるような体制の確立」ということである。

(3)「国家の政治的指導意思が常に一元化され」るためには、「何よりも内閣の強化が重要」であり、内閣が「全機構の主動的な中枢推進機関とならねばならない」。この内閣が「よく国策の企画と統合とその有効果敢な遂行の任務を果し得る」ためには、少数閣僚制と「内閣直属の強力なブレーン・トラストとして、有力な総務局、企画局、情報局を整備」することが必要である。総務局には、統一的でかつ公正な人事行政のための人事部を含め、企画局には、現行制度の主計局や法制局や、物動計画の諸機関をも統合するというような改革」が必要である。

(4)これと併行して「これに建設的に協力する機関としての議会制度の改革もまた必要」で

あり、貴族院の構成、選任制度の改善、衆議院議員選挙制度の「根本的改革」がなされねばならぬし、また「常置委員会」制度を作ることを考慮しなければならない。
(5)さらに「全面的に、全国民の総力を政治に集結せしめるための新体制」即ち「国民組織」が必要である。「このような国民組織が、経済及び文化の各領域にわたる職能団体組織によって、樹立されねばならぬ。即《すなわ》ち経済面では、農業その他の食糧生産業、工業、鉱業、商業、金融業、交通業などの凡《あら》ゆる経済生活の部門が、それぞれ縦に組織化され、更に各種の組織を横に結んで統合するところの、全国的な組合組織が作られねばならず、文化面では新聞、映画、演劇、ラジオ、芸術、著述などの諸部門について、同じような組織が必要なのである」。そしてこれらの組織は「国家の公益第一」という指導原理をもち、「凡ゆる国民活動を組織化し、健全な国家の経済政策と文化政策の樹立に、全国民がこの組織を通じて内面から参与し、一度樹立された政策は、またこの組織を通じて、神経の末梢に至るまで、一貫した方針で行渡らねばならぬ」のである。従って、「かかる職能団体組織の最高機関が、一方では既に述べた如《ごと》き強化された内閣の諸部局に密接に結合し、他面では、上述の如き議会の常置委員が、この職能組織の最高機関とも密接に接触し、この三者の間に、常に内面的協力が保たれることにより、国策の企画と審議と樹立と遂行とに、生きた綜合と協力の関係が保たれねばならぬのである」。
(6)以上のような「機械が円滑自在に動くためには更にモーターと油が必要」であり、その役目を果すものが「即ち澎湃《ほうはい》たる一つの国民運動にほかならぬ」。これは「政府がこれを命令したり、行政機構化したのでは、……生きた弾力性を失い、……又単に観念的に一国一党を押しつけたのでは、国民生活の現実に立脚した生きた実践性を持たぬものとなる恐れもある」、しかし「逆に『下から』の運動というのでは」現状では困難であるだけでなく「分派的、抗争的、階級的、私利的な色彩を帯び、真実の国民運動となり得ぬ恐れがあ」り、従ってそれは「盛上る国民の力を誘導しつつ、しかも本質的に公的、国家的、民族的な、愛国運動として展開されねばならぬ」のであって、「ここに正しく、近衛公の新政治運動に対する客観的な期待の根拠があるのである」。

(7)従ってこの運動は「政権や選挙を目当てとする従来の議会政党の如《ごと》きものでもあるべきでなく、さればとてまた観念的に一国一党を唱えるだけのものでもあるべきではない。それはあらゆる国民生活の領域に働きかけて国民の能動力を動員しつつ、日本の当面する最高の政治課題に統合、集中、協同せしめ、政府、軍、官と表裏合体しつつ、真実の強力政治体制の確立のための推進力たるべきもの」である。

この矢部貞治の主張には、恐らく既成政党の悪いイメージと混同されるのを恐れてか、「党」という言葉を多用せず、「国民運動」ないしその「推進力」という言葉が用いられている。しかし「観念的」ではない実質的な「一国一党」の主張であることには変りはない。このことは前述のように七月七日に矢部が近衛と軽井沢で会って、翌日考案したものによってもはっきりしている。矢部の考案は、在野運動の場合は「国民組織を対象とする。強力新党の形を採るも一国一党主義には非《あら》ず。政府・軍・官と対立せず、表裏し、議会選挙のみを目標とせず、故に政党の修正ではなく国民運動」とし、内閣組織者となった場合は新体制のうち機構的なものは着々実行し、国民組織の中、職能団体組織については、「行政権をも背景としつつ、促進。国民運動の中核結成は、精動機構（必要により改組）を通じて、公式の国民運動とす。但《ただ》し、官製、行政機構のみでは駄目で、寧《むし》ろ在野運動の場合の方式で、実践力を期待す。既に在野運動が進行し団体結成された後ならば、団体を解消して之《これ》に摂取す」ということであった。

ただ「党」といわぬことについては、七月七日に矢部は近衛と「挙国体制と憲法論（幕府論）との関係」についても語り合っており、帰京後同僚の法学部の宮沢俊義《みやざわとしよし》教授と「新党運動の憲法論や軍政論の憲法論につき教えて貰」ったという記述があり、近衛を最高指導者＝首相とする一国一党が、憲法の建前の「天皇親政論」に対する「幕府」に当るのではないかという批判を気にしはじめていたのではないかと思われる。

陸軍の新体制試案

ところで前述のように陸軍は近衛新党＝近衛内閣を推進しつつあった。すでに六月一〇日に武藤章軍務局長は金光庸夫《かねみつつねお》に「近衛公の出馬、新党の結成には軍を挙げて賛成にして、自分等は是非ともこれが実現するよう蔭乍《かげなが》ら援助致《いた》したき考なり」と告げたという（『現代史資料44』）。誰から送られたものかは不明であるが、この文書が近衛文書の中にあることは、近衛がこの軍の意向を知っていたことを示している。

この会談録の内容からは、武藤のいう新党のイメージは全くわからないが、さきの牧の証言でかなりはっきりした党国主義であったことがわかる。もっとさかのぼって、五月一日に原田熊雄は、近衛から、陸軍が青木一男や武部六蔵《たけべろくぞう》をつかって、財政経済政策を立案しており、「これが出来たら、自分に、『来てくれ。しかもそれを提げて内閣を組織してくれ』という注文であり、自分をまたロボットに使おうと思っている。……恐らくこの案が成立したら、これを陸軍の案として、内閣をゆすぶり、倒閣の具に供するのではないか、と思われる。その後、自分を内閣のロボットに使ってやろうというんだろう」と聞かされている（『西園寺公と政局』）。実はこれは当時陸軍省軍務局と深い関係にあった矢次一夫の主宰する国策研究会が、武藤章から依頼されて、企画院と陸海軍の協力を得て作成中の「総合国策十年計画案」のことであった（矢次一夫『昭和動乱私史』下）。これは七月に完成し、「外交・国防政策」の項を陸海軍に提供、他は企画院案になったという。

企画院が七月に作成した「国内体制整備強化要綱（案）」が泉山三六《いずみやまさんろく》文書中にのこされているが、恐らくこれはそうしたものをひきついでいるのであろう。その文書の中の「党」的な部分をみると、「二、新政治体制ノ確立」の項で、「支那事変ノ処理、大東亜ノ建設ヲ目標ニ国家総力ノ有機的綜合的発揮ヲ図ランガ為左記着想ニ依《よ》リ新政治体制ヲ整備ス」として、次のように記している。

一、政党政治、官僚政治ヲ止揚シ国民ヲ基礎トセル新政治力ヲ結成ス。
二、新政治力ノ結成トノ関聯ノ下ニ国民組織ヲ整備ス。
三、国民組織ハ政治、経済、文化等ニ亙《わた》ル国民生活ヲ有機的ニ組織化シ以《もっ》テ国民総力ノ発揮ニ力《つと》ム。

武藤章軍務局長

之《これ》ガ組織ニ当ッテハ機械主義ヲ排シ重点主義ニ依《よ》リ漸次普遍化ス。
四、国民組織トノ関聯ニ於《おい》テ強力ナル輿論《よろん》指導機関ヲ整備ス。
五、経済計画ノ樹立 竝《ならびにこれ》之ガ円満ナル遂行ニ資センガ為経済機構ヲ整備シ政治行政機構及国民組織トノ間ニ緊密ナル連繫ヲ保持セシム。
六、新政治体制ノ確立ニ関聯シ議会制度ヲ改革シ議員ヲシテ常時政務ニ参加セシムル方法ヲ講ズルト共《とも》ニ審議能率ノ増進ニ力メ又選挙法ヲ改正スル等行政府、立法府及政党ノ有機的連繫ニ力ム。

この第六項の政党とあるのは恐らく一、二項でいう「新政治力」を指すのであろう。国民組織（大衆団体）―新政治力（党）という図式である。

国策研究会の新体制試案

矢次の国策研究会の新体制試案要綱（『現代史資料44』）――もっともこれは八月二一日付であるが――になると、もっとはっきりしている。これでは「所謂《いわゆる》新体制の基本的性格は、従来の分立、均衡、多数制の自由主義的国家体制を止揚し、集中、統一、指導者原理による国防国家体制を確立するにあ」る。そのため「国民的綜合組織を基礎とした統一的政治的指導力を有する政治新党を確立する」が、しかし「旧政治力たる諸要素は老衰頽廃し、而《しか》も新政治力は未だ幼弱なる現状に於《お》いては、如何に困難なるにせよ、新政治力は混合形態に於て再編成されざるを得ない」。故《ゆえ》に、「新体制の中核としての新指導部は近衛公を中心に結成されて風霜数年の鍛錬を期待しなければならぬ。更《さら》に混合指導者形態の中核たるべきB・Cクラス中心の指導部結成の必要を提議する（但《ただ》し、Aクラスを排せんとするの意に非《あら》ず）」。「縦にAからCを貫きてBを横断的に連ねたる中核的指導部は、私党的派閥的形態に非ざる合理主義に立脚し、軍、官、民の同志的結合として之《これ》を編成する。而して、之が結合の中心点の第一段階を拡大強化せられたる企画院とし、発展の必然として新体制の中枢部より漸次官、民の各層に及ぶべきものである。近く設立さるべき総力戦研究所は、斯《か》かる建前に基く一重要機関として更に将来の拡大強化と一段の活用を期すべきである」とし、以下詳細に指導部結成の方法等を記している。

この案によると、国民指導部の確立には若干の準備期間が必要なことから、まず政府の官制による「国民運動に関する綜合的な委員会」を設置し、近衛を会長とし、軍官民の政治的指導性のある代表者を集め、「現に全国の各界各層に亘《わた》りて自然発生的に起りつつある所謂《いわゆる》新体制運動を指導し統制して意識的計画的な運動へと発展」させるとともに本格的な「国民指導部結成への前提条件を確立」する努力をすることを任務とする。

こうした準備の上に結成さるべき政治新党としての国民的指導部は次のようなものでなければならないとされた。

①「明確なる政治方針と具体的な行動綱領とを有し指導者原理に基く大多数国民の意識的積極的参加による同志的編成の建前に徹底」すること。
②「政府（但し第一段階は現職軍人官吏を除く）及び貴衆両院、財界、民間各層の実力的指導分子にして思想人格、及び基本方針を共通の信念としたる人材を中核として結成する政治結社」で「第一期総裁として近衛公を推す」（首相総裁一身説をとらない）。
③「参加したる貴衆両院議員は政治新党の所属議員団として本組織の方針と決定遂行の一翼として議会活動の主体たらしむ」。
④現在の大衆動員組織を吸収し「再編成し漸次他の諸組織との間に有機的に綜合的に統一的指導性を確立する」。
⑤「経済界に対しても新設せらるべき経済の中枢的指導機関を其《そ》の経済部として経済活動に対する統一的指導を行うこと」。
⑥強力な事務局とともに「現存する雑多の民間各種研究調査機関を統合して智能組織」とし、政府と党の協同による国策研究、党務執行の機関とする。
⑦国内主要の地に地方事務局をおくとともに、「満洲、蒙古、支那」にも事務局をおき「其《そ》の国の党部との間に緊密なる有機的連絡を為す」。
⑧新党結成の企画は前記国民運動指導委員会を中心に近衛公を中心とする政治的諸分子と

の連絡の下に行ない、新党創立委員長は近衛公とする。
⑨新党の機関紙として国策新聞を創刊する。また既存新聞の統合整理を行なってこれを活用する。さらに演芸、映画、文学、音楽、ラジオもあわせて活用する。
⑩政治新党は代議士党ではなく、また議会制度の改正によって「将来に於《お》ける政治新党の議員団は所属各組織の国民的選良が選挙を通じて代表さるゝものとなるべく、現在の如《ごと》き国民諸組織から遊離したる職業的代議士団は当然止揚されるであろう」。
⑪「政治新党の大衆動員機構と運用とは従来の無産政党の組織に於《お》けるが如《ごと》き大衆のイニシアチーブを強化したる意味に於てでは断じて無く、上意下達徹底の組織でなければならぬ」。

社会大衆党の積極的な動き

昭和一三年の時と同様麻生、亀井を中心とする社会大衆党が積極的に動いたことはいうまでもない。この時も多くの策案を作成している（『現代史資料44』）。ほとんどが一三年の場合と同様であるが、党名を「日本国民組織党」としている。興味深いのは、その中央の幕僚長以下の人事案である。

日本国民組織党

幕僚長　有馬頼寧
党衛隊長　橋本欣五郎　副隊長　菅波三郎　三上　卓　浅沼稲次郎
責任者　指導者　輔導者及局長
組織部　麻生　久　同上　三輪寿壮　平野力三　阿部茂夫　平野　学
穂積五一　雨宮
企劃政策部　永井柳太郎　亀井貫一郎　村松久義　矢野庄太郎　佐々弘雄　杉原正巳
大蔵栄一　後藤基春　安達　巌
政府連絡部　堀切善兵衛　岡野龍一　岡田喜久治
軍部連絡部　永山忠則
世界政策部　白鳥敏夫　赤松克麿　篠原義政　渡辺泰邦
東亜部　十河信二　頭山秀三　高岡大輔　岩瀬　亮　田中養達
生活相談部　金光庸夫　河上丈太郎　小山田義孝　金井正夫　増永元也　坪山徳弥
災害防救部　大口喜六　西方利馬　鈴木正吾　松田正一　長野綱良　行吉角治
国民文化部　風見　章　天野辰夫　小池四郎　蔵原敏捷　中原謹司　小山　亮
新生活指導部　永田秀次郎　犬養　健　原　玉重　古屋喜三太　喜多壮一郎　今井新造

国民教育部　安井英二　栗原美能留　簡牛凡夫　岸本行直
自治体連絡部　後藤文夫　多田満長　川崎末五郎　石坂　繁　井上知治
宣伝部　中野正剛　肥田琢司　池崎忠孝　三田村武夫　木村武雄　南　鼎三
　　　　　　　　　　　　　　　　真鍋儀十　宮崎龍介
財務部　幕僚長兼任　岸井寿郎
共済部　幕僚長兼任　辻　誠

当時彼らが「革新」派と目していた議員および議員外の活動家が網羅されている。社大党や聖戦貫徹議員連盟、さきにみた東亜建設国民連盟に結集していた各政治集団のリーダーがずらりと顔をならべているのである。とりわけ組織部、企劃政策部という重要な部分に麻生、亀井らが坐る予定になっており、党の実力部隊ともいうべき党衛隊の隊長に橋本欣五郎が予定されているほか、副隊長の一人として浅沼稲次郎が予定されているのも注目される。

亀井が近衛に提出した意見書が何通かあるが、やはり亀井は「万事ハ大命ヲ拝セラレタル後ノコトタルベキコト」とのべ、内閣成立後の新党結成を主張しており、また新党結成に当って「筋金ヲ残コシテ置クコトト相当甘クノ二本建的御考慮ヲ必要ト」することを強調している。前者は新党に真の筋金入りの「革新」派を内閣に入れずに残しておくことであり、後者は当初新党に旧来の政治家を大きく包含しておくことである。とくに後者に関しては、明治維新も二段革命として行なわれたことを指摘し、第一に既成政党の解消に安心を与え、第二に「対上層部関係ニ於《お》テ変革ヲ合法的タラシムルガ故」であり、第三に基本的立法、たとえば「授権法」「党部公法人化（イワユル国家組織法、党部ト国家ト国民ノ組織ヲ規定スルモノ）」の立法を合法的に行なうためである、とのべている。つまり亀井らは大きく既成政党等をも包み込んでおいて、党を国家の中枢部分として合法的に承認させておいて、その上で第二段目の革命、さきの尾崎らのいう粛正を行なうことによって本格的な変革に至らしめようとしていたのである。

亀井はもう一つの意見書の中で、新党について「麻生ヲ中心トシ既ニ存在スル横断的連鎖トソノ縦断的組織、例之、青年団、産組、産報、及推進的政治勢力等ノ要部ヲソノママ投ゲ込ムコト、就中《なかんずく》愛国陣営ハ、岩田（富美夫）、頭山秀三、福井涌等ノ大赦令的実力勢力ヲ合作シ橋本欣五郎等ノ系統政党ノ連関要部ヲ吸収スルコト、右大赦令的勢力重慶コース的実力勢力ヲ合作シソノ連関要部ヲ吸収スルコト」としているが、それが前引の中央部のスタッフ組織の構想であろう。

このような既成政党から社大党を含む「革新」派までの近衛新党に対するさまざまな期待の声の中で、しかし近衛はなかなか態度をはっきりさせなかった。風見や有馬と連絡をとりながらタイミングをみていたのである。

第六章　動き出した新体制運動

運動のゴー・サイン

六月一七日に東京をたって京都に向った近衛は翌一八日木戸を通じて枢密院議長辞任の意を伝えた。この時近衛は都ホテルに宿泊しており、そこの用箋に自分の決意を書きしるした。その中で近衛は「余の期する所は、支那事変処理のため、将《は》た又《ま》た複雑変転極まり無き世界の情勢に対応するため、内確乎《かっこ》たる強力体制を整えんとするものにして、純潔無垢、脈々たる熱血に依《よ》りて結ばれたる挙国体制の確立にあり、単なる既成政党離合集散に依る形骸の厖大の如《ごと》きに非《あら》ず、政権争奪的打算運動の如きは蓋《けだ》し論外とするところ、斯《かく》の如きは余の志向する所に非ず。国家の飛躍的発展の使命を認識し、之《これ》が達成を庶幾《しょき》する国民の一人として、其《その》基礎となるべき新体制確立の壮挙には欣然《きんぜん》参加せざるを得ずとなすものなり。然《しか》れども枢密院議長の地位と政治的運動に参加することとは大義名分の上に於《お》て考慮せざるべからざるものあり、即《すなわ》ち枢密院議長を拝辞せざるべからずと做《な》す所以《ゆえん》なり」と書いている。この辞意が認められた二三日の翌二四日、ほぼこれと同文のものが発表された。そしてこの近衛の行動が運動のゴー・サインとなった。

翌二五日付で風見は近衛に書簡を送っているが、それはこの日有馬との相談の結果を書き送ったもので、相談すべき範囲として「衆議院に足場を持つ政治団体の代表」「議会に足場を持たざる政治団体中主要なるものの代表」「団体に属せざる政治家(官界の代表的人物の如きもの)」「貴族院方面の代表」、そして支持団体として「経済団体の代表」「学界代表(諸種学界中必要と認むるもの)」「言論界代表、中央新聞代表、地方新聞代表、雑誌界代表」をあげ、「右如何なる人物、如何なる代表を求むべきかは至急有馬氏の手許にて整理之上御送り申上ぐる筈《はず》」と報じている。これは創立準備会の顔振れの相談である。

二四日に近衛の声明を知った有馬は日記に「これから新党準備でいそがしくなる」と書き、翌日さきの風見との打合せをした旨を記している。そして六月三〇日「風見氏より電話で須磨〔外務省〕情報部長が憲兵隊に引かれたとの事。風見氏の意見として、軍政の臭い濃く、近衛氏をだしに使う虞《おそ》れありとの意見あり」と書いている。この須磨情報部長の憲兵隊拘引は陸軍が米内内閣打倒の動きをはじめたことを示していたが、風見は軍政の臭いをかぎとったらしい。七月二日の有馬日記には「今日は石渡《いしわた》〔荘太郎《そうたろう》〕氏憲兵隊に招かれたとの事。陸相の退陣近しとの事。政変の方が先きであろうか」とあり、陸軍による倒閣が切迫していることが窺える。翌日には近衛から電話で呼び出され、「軍の意向によっては軍方面に次の内閣をやらした方がよいと思うから、木戸氏の意見をきいて欲しい」といわれ、有馬は夕方木戸に会ったところ、木戸は「軍にはやれぬ、近衛氏が当然出るべきだ。……新党は、遅れてもやるべし」との意見であった。近衛は前述のような「軍政」を考えていたのであろうか。

ところでさきの風見の手紙は追申の形で「民政党内事情につき永井氏より会見申込有之《これあり》明日面会、その節お知らせ可申上候《もうしあぐべくそうろう》」とある。「お知らせ」は残っていないが、民政党内の新体制派永井を通じての挙党解党工作は行悩んでいたらしい。一ヵ月近くあとの有馬宛書簡で永井は「予《かね》て大兄よりの御勧誘に基き民政党をして挙党新政治体制に参画せしめんとする運動も町田総裁並びに其《その》周囲の人々の特殊なる立場と小生の微力のため予期の効果を収むる能《あた》わず」と詫びているのである。民政党解党が最も困難であった。他の諸政党は民政党ほどではなかったが、無条件解党には全く抵抗がなかったわけではない。

近衛の枢密院議長辞任の声明に直ちに応じたのが、七月二日に解党した赤松克麿《あかまつかつまろ》のひきいる日本革新党であった。つづいて六日には社会大衆党が「血盟の同志前に斃《たお》れ、受難の友人後に傷つき、三十年　顧《かえりみ》れば茫として夢たり」と宣言して解党した。東方会の中野正剛《なかのせいごう》は七月三日に近衛に手紙を送って近衛が決心を行動に移したことをたたえた上で、「先般申上し末次〔信正〕、橋本〔欣五郎〕両氏には了解を進め置き候。……彼〔橋本欣五郎〕は新党には好んで参加すべし。併《しか》し新党にして旧党の残滓《ざんし》に　災《わざわい》せられんか、そこに第三党出現を可能ならしむる虞《おそれ》あり。第三党出現の余地なからしむるが如《ごと》き新党を望むと申居り候。実際微力なりと雖《いえど》も東方会の如《ごと》き、青年党の如き、我国に於《お》ては時代を認識せる無二の組織政党たるの自信あり。其《そ》の全組織を動かして馳駆に任ぜんか、多少貢献するあるを期待仕候。噂にあるが如き新党への詔《(ママ)》請は如何《いか》なる限度に及ぶべきか。……先般御話せし関係ならば、安達〔謙蔵〕、末次、小生、橋本を招請せらるれば其他《そのた》は自ら疎通致《いた》すべく候」と記している。いわば東建連グループを新党の重要な要素として招請を要求しているのである。

この招請範囲についてはさきの風見の書簡にふれられていたが、有馬はそのあとその件で各方面に接触している。六月二六日には麻生、亀井、そして後藤隆之助、産青聯の役員、二七日には藤山愛一郎《ふじやまあいいちろう》、二九日には三輪寿壮《みわじゅそう》、それから後藤文夫、七月に入って二日には古野伊之助、後藤文夫、三輪寿壮に会い、三日には再び藤山に会い、また麻生から案を聞いている。藤山は「財界はやはり池田《いけだ》〔成彬《しげあき》〕、郷《ごう》〔誠之助《せいのすけ》〕という辺《あたり》を礼儀上話すべし」という意見であった。これはさきの「経済団体の代表」と関連してのことであろう。このあとも五日に頭山満《とうやまみつる》を訪ねるなどしている。

七月七日に矢部貞治は近衛の要望で軽井沢に行き、大命拝受ということを考えての新体制案を近衛に提出した。矢部の日記には、近衛から注意があり書き直すこととなったと記されているが、「挙国体制と憲法論（幕府論）との関係」も話題となったとあるから、恐らく一国一党＝幕府論という批判が話題となり、その非難を避けることを考えたのであろう。翌八日矢部が「僕の考案」として日記に書いているところをみると「党」は「国民運動の中核」

と変っている。矢部は七月九日帰京し、一一日再び軽井沢に行っている。この日の日記に「強力新党の首領が同時に内閣の首班となるということについての国体論、憲法論を汽車の中で考える。どうも関白〔近衛のこと〕が首相となってから又挙国的政党組織をやるということは、国体上、憲法上、どうも疑わしい。幕府論になる」と記し、強力挙国政党首領＝首相という構想が、反対派を論理的に説得するのにかなり困難だと考えているように思われる。このあと七月一二日に矢部は近衛のために「組閣の大命拝受と同時に、『新体制の行方』について公表する」文章、一四日に「輔弼《ほひつ》と政党運動の関係」についての文章を書いているが、この文章は残されていないので内容はわからない。

ところで有馬日記には七月一二日に「四時より、風見、後藤氏と会談。組閣の上は新党はやれぬとの事。そんな事を今いうたら大変だ」とある。「新党はやれぬ」というのは近衛から言ってきたことであろうし、それは前述の軽井沢での矢部とのやりとりと関連しているのであろう。翌日「後藤、古野両氏来訪。新党と再組織とを別個に作るべきを説かる」とある。これもまた同様の事であろう。しかし有馬はやはり「党」を考えていたらしい。一四日「民政もいよいよ参加の雲行となったが、かんじんの御本尊があやしい」と有馬は記した。

第二次近衛内閣成立

危機に陥っていた米内内閣は陸軍が畑俊六《はたしゅんろく》陸相を辞任させたことで七月一六日遂に総辞職

を行なった。直ちに開かれた重臣会議では近衛の再登場がすんなりときまり、有馬は翌一七日「今日近衛公に大命下り、拝受したらしい。明日から組閣に入って、定めし又ごたごたすることだろう。今度は入閣する様な事はあるまい。新体制の事に又労するのは止むを得ぬ」と記した。

こんな中で近衛の組閣は本書冒頭にのべたようにすすんだ。しかし前述のように近衛は新党結成にやや情熱を失っていたらしい。有馬のところにも一八日「近衛氏が海相に面会の時、新体制はやるのかという質問に対しやらぬという答弁をされたとの話」が伝わり、「ほんとうなら困ったことだ」と書き、この日来訪した後藤隆之助は「基礎的の仕事は吾々の手で進めるより外ない」とのべた。二一日ほぼ組閣の顔振れのきまった段階で有馬は「新体制とは凡《およ》そ方向がちがうという説もあり、又そうでないという見方もある。今後自分として如何に動けばよいかを考えねばならぬ」ととまどっている。ただ有馬は翌二二日古野、後藤、三輪と四人で新体制について長時間話し合い、新内閣の親任式のあった二四日夕に風見を官邸に訪ね、「総理が閣議に於《おい》て新体制の話をされ、全員協力してやる旨決し、近日〔近衛が〕私に面会されるとの事」を聞き、二六日に再び古野、後藤、三輪との四人で相談をした。

こうしたことの結果であろうが、二八日の夜、安井英二《やすいえいじ》内相、風見法相、富田健治《とみたけんじ》内閣書記官長、後藤隆之助、有馬の五人で長時間の会談が行なわれ、翌二九日には有馬は「正午首相官邸に近衛総理を訪ね、午餐を共にし、新体制問題につき意見をのべ、近日会合して大綱を決することを約」した。さらに三一日には風見の案を受取っている。

一方矢部貞治は七月二九日に後藤隆之助から速達を受取った。内容は「新体制の声明や色々の写が集っているのの整理やらを頼む」というものだった。夜に入ると後藤の使のものが、近衛のところに各方面から集った新体制案を矢部にとどけ、八月一日に官邸で会合があるので、それに出席して整理批判してほしいと伝えてきた。翌日矢部は後藤と会って、総理官邸に行くのはいやだから一日に後藤と安井内相に意見をのべると答え、早速検討をはじめた。結局八月一日矢部はとどけられた一三の新体制案を検討整理して意見を加えた報告書を書きおえ、学士会館で後藤、安井、富田書記官長に二時間ぐらい報告した。大体それでいいということになり、次には新体制準備会の招請にあたり、近衛が声明する文章を書くことをたのまれている。

少しさかのぼるが、七月二五日に矢部は尾崎秀実によばれて会食した。その日の日記に矢部は「近衛の新体制について尾崎秀実少し悲観している。東条の憲兵勢力と、安井、富田の官僚警察力との陰鬱な対立らしく、有馬、風見、後藤（隆）及び尾崎、牛場、岸、犬養、等の中正勢力は殆《ほとん》ど重視されて居らぬ形勢に在るらしい」と記している。矢部や尾崎が関係していたのはこの「中正勢力」であった。

ところで矢部は早速に声明文案の作成にかかり、八月四日には速達で荻窪の近衛宛に送付した。しばらく間があって、八月一五日に矢部は牛場友彦から、矢部の書いた声明文案が採用されたこと、若干再考すべき点があるということを伝えられた。若干の修正をした結果、一七日夕方にはその「訂正刷」がとどいた。同封の牛場の手紙によると「少し政党を持上げ過ぎたということ、その他二三の点で総理が再考を求めている」ということで、この晩矢部は若干の訂正をして翌朝送り返している。

矢部貞治による新体制声明文案

この声明文案の各段階のものが「近衛文書」にのこされているが、多分最初に矢部によって書かれたと思われるものの要点をみていこう。

まず、第一は新体制の必要性についてである。「今や我国は、世界的な大動乱の渦中で」「世界新秩序を構成する「大東亜の新秩序建設という未曾有《みぞう》の大事業に邁進している」が、その目的の達成のためには「国家国民の総力を最高度に発揮し」、如何なる事態にも「迅速、有効、適切、果敢に、之《これ》に対処し得るよう、高度国防国家の体制を整える必要があ」り、その基礎は「畢竟《ひっきょう》強力な国内体制の整備に在るのであり、ここに、政治、経済、文化その他凡《あら》ゆる国家国民生活の領域に於《お》ける新体制確立の絶対的要請がある」。

第二に、国内体制の強化刷新、つまり新体制とは「軍人も、官吏も、教師も、学生生徒も、財界人も、産業人も、文化人も、凡《すべ》てその職域に応じて、国家公益を先にし、天皇陛下に帰一し奉る」ことによって「国家国民の総力を集結し、国家の政治意思を一元化」することである。つまり「政治上では、就中《なかんずく》国務と統帥の調和、内閣と民間の協力、行政機構の統治強化、これと関聯して、官吏道の粛正刷新、議会制度、選挙制度の改善による翼賛体制の確立などが緊要であるが、更《さら》にその基礎として……新国民組織の確立を必要とするのであり、まさにそのためにこの準備会が開かれたのである。

第三に、この国民組織の運動は「本来国民の自発的な運動として盛り上って来るのが望ましい」が、政府の側からいっても、当然積極的にこれを指導育成すべき事柄であるから「官民協同の事業として、全国的な国民翼賛会議の結成という形で始めたい」、しかもこの運動は「単に精神運動に限らず、凡《すべ》ての国策に協力し、政治意識の高揚を目的とするものであるから、政治結社法の適用を受けるべきものではなく、従って、それは、当然内閣総理大臣を首班とし、閣僚、軍人、官吏も参加し、而《しか》も凡《すべ》ての国民生活の部門を包括するものである」。

第四に、この国民生活のすべての部門は「在来の自由主義的、営利主義的な立場を清算し」、「悉《ことごと》く国家的公的な職能として自覚せられ、その全国的組織を通じて、国策の企画に参与し、且《かつ》樹立された国策の遂行実現に積極的に協同するものとならねばならぬ」。また新国民組織は「精神団体、修養団体、興亜運動の団体、青年運動の団体等を統合」するが、これらの団体には「澎湃《ほうはい》たる国民運動の中核たるべきものとして期待する」、さらに「在来の政党政派」については、「新体制運動の一翼を担うことは望ましいが、それは唯《ただ》新体制運動の一部門に他ならぬのであって、新体制そのものではない。新体制運動は如何なる意味でも政党運動の性格を持つべきではないのである」。

第五に、一国一党論を否定して次のようにのべる。

抑々《そもそも》輔弼《ほひつ》の重責に在る者が、政治結社法の適用を受くる政党運動を指導する如《ごと》きは慎しむべきことであると考える。況《いわ》んや権力を背景として、一国一党を結成せんとすることは、党と国家を混同し、その地位の恒久化を図らんとし、輔翼を一党に独占し、憲法上の公選、協賛の憲法規定を有名無実とし、万民輔翼の本義に反する虞《おそ》れあるのみならず、国体の本義を紊《みだ》る危険があると考える。この点で、一方自由主義的な政党政治とも、ドイツ、イタリー等の一国一党の政治とも、根本的に異る、国体の独自性の上に立脚する必要がある。

以上から明らかなように、この段階では、強力新党は影をひそめ、党ないし中核の指導性の問題も後退している。恐らく「幕府論」などの批判がこうして回避されたのであろう。ところでこれを修正したものをみると、その主要な修正はやはり「党」の問題であった。それは、①党が本来的に部分的な存在であることを強調し、運動が民間運動の場合「之《これ》を『新党』と称することは必ずしも誤りではない」が、「政府の立場に於《おい》て為される場合には如何《か》なる意味でも政党運動ではあり得ない」、②「新体制に真実に共鳴する自覚ある人士が議員として選出せら」れ、「かかる新議員が団結して新体制の一翼をなす『新党』を結成することは考えらるるも、かかる新党そのものの総裁に直接総理大臣が坐るということは」許されない。③「挙国一致党、又は一国一党」によることも「一君万民、万民輔翼《ほよく》の日本政治原理に於《お》いては、到底許されぬ」と、とにかくより一層「党」運動的な側面はつよく否定され、中核という用語も用いられなくなっている。

ところが八月二二日矢部は富田書記官長、村瀬《むらせ》直養《なおかい》法制局長官と新体制の運動体が政治結社でないとすることに関して協議をしたが、この日の日記に次のように書いた。

軍（陸軍）は依然として政党にしろと言うらしく、武藤軍務局長は「精動」の変形見たいなものなら参加しないと言うらしいが、併《しか》し、そうなれば、軍人も官吏も教師も宗教家も皆参加しないことになり、結局在来の職業政治家が指導力となる。そんなものに国民が随いて行く筈《はず》はない。加之《しかのみならず》、全国民の組織を政党が引張るというのでは、結局一国一党となり、国体及び憲法との間に問題が残る。……

そして翌二三日に牛場から呼び出されて行ってみると「声明文案を昨夜武藤軍務局長が滅茶滅茶に削って来たこと（彼の意図は一国一党に在る）」を告げられる。この武藤の添削してきたものも「近衛文書」にのこされている。武藤による修正は、「国民組織の確立を促進する中核実践体を組織し、其の活潑なる活動を展開せねばならぬ」「之が実現には強力なる政治的実践体の結集を緊急とする」と附加し、「国民運動」を「国民組織運動の中核たる実践体」と修正し、この運動が政党運動であってはならない旨の説明の部分を大幅に削除したのである。

この武藤修正案をめぐって閣議でももめたあげく、結局声明文案は「広く朝野《ちょうや》有名無名の人材を登用して運動の中核体を組織し、そこに強力なる政治力と実践力を結集せしむること」つまり「高度の政治性を帯ぶる」ことを明らかにした最終案に落着いた。そして八月二七日の閣議でこれが了承されたのである。

これに矢部は必ずしも不満であったわけではない。あからさまな一国一党が打出されていないことに満足を示している。さきにみたように矢部は新党でいいと思っていたし、のち（一二月一八日）に回顧して語っているところでは、当初近衛に多少憲法を無視して一国一党で行ったらどうかといったところ、近衛が躊躇《ちゅうちょ》したので、それで大政翼賛会方式しかなくなったとのべていることに示されているように、全国民参加の国民組織を設立して、政治的中核は実質上の問題として解決しようということを考えていたようだからである。実際この時期に海軍の依頼で書いた「新体制の基本構想」では「中核」および「政治性」を強調しているのである。

新体制準備委員会

これよりさき八月二三日の新聞に新体制準備委員の陣容が発表になった。それはそのあと追加されたものも含めて次のような顔振れである。

準備委員　八田《はった》嘉明《よしあき》　橋本欣五郎　堀切善次郎　岡田忠彦　緒方竹虎　小川郷太郎　大河内正敏　岡崎　勉　太田耕造　金光庸夫　高石真五郎　永井柳太郎　中野正剛　井田《いだ》磐楠《いわくす》　井坂　孝　葛生《くずう》能久《よしひさ》　前田米蔵　古野伊之助　後藤文夫　秋田　清　麻生　久　有馬頼寧　白鳥敏夫　正力松太郎　平賀　譲　末次信正　ほか閣僚

常任幹事　富田健治内閣書記官長　村瀬直養法制局長官　小畑忠良《おばたただよし》企画院次長　武藤章陸軍軍務局長　阿部勝雄《あべかつお》海軍軍務局長　挾間茂《はざましげる》内務次官　後藤隆之助　松本重治

準備委員には橋本欣五郎、中野正剛、麻生久、末次信正らの民間「革新」運動の指導者や、有馬、古野、永井、後藤、秋田、白鳥といった「革新」派が含まれたが、そのほかの各界代表は必ずしも「革新」色をもった人物とはいえなかった。常任幹事は後藤隆之助と松本重治を除けば官職による人選であった。ただ彼らと小畑企画院次長、富田書記官長、武藤陸軍軍務局長ら「革新」派が推進力となることが想定されていたのであろう。さらに常任幹事には補佐がついた。武藤陸軍軍務局長には前述のように牧達夫中佐（軍務課員）が、阿部海軍軍務局長には高木《たかぎ》惣吉《そうきち》大佐（軍務課員）が、富田書記官長には稲田周一《いなだしゅういち》（内閣官房総務課長）が、村瀬法制局長官には森山鋭一《もりやまえいいち》（法制局第二部長）が、小畑企画院次長には奥村喜和男《おくむらきわお》（企画院調査官）、後藤隆之助には沢村克人《さわむらかつと》（朝日新聞社論説委員）、挾間内務次官には大坪保雄《おおつぼやすお》（警保局保安課長）がついた（おくれて就任した松本重治の補佐役が誰であったかはっきりわからない）。そしてこの補佐役の多くが「革新」的推進派となっていた。

八月二六日の矢部の日記では、彼は後藤によばれて丸の内二一号館に赴いている。そこで「三輪寿壮、橋本清之助、笠信太郎、後藤文夫、それからあとで首相官邸の会合から後藤隆之助、沢村克人等が帰って参加し、新体制中核体の構成や名称など評議」している。首相官邸の会合は恐らく常任幹事会であろう。そしてそれに合わせて昭和研究会でこうした相談会が開かれ、具体的な相談をしているのである。

八月二八日から新体制準備会が開催されている。この準備会については『翼賛国民運動史』にその要旨があるが、かつて「有馬頼寧関係文書」中から全部の議事録が発見されたのでややくわしくみていくことにする。

この日の第一回会合は首相官邸で開かれていた。委員のうち大河内正敏を除く全員と常任幹事が参加した。富田内閣書記官長が開会を宣し、近衛総理が挨拶をのべ、前述の「新体制ニ関スル内閣総理大臣ノ声明」を読み上げ、当日の座長として有馬頼寧を指名して議事に入っている。後藤文夫が議事は多数決ではなく「懇談的ニ十分ニ議ヲ尽シ、総理ノ裁断ニ依《よ》リ度《た》ク思ウガ、左様承知シテ差支《さしつかえ》ナイカ」と質し、賛成を得た。ここまでは穏やかにすすんできたが、本題に入るとかなりはげしい議論が展開されている。

一つは声明文中の組織問題である。橋本欣五郎が、「『戦イ』ニ依《よ》ッテ作ラネバナラヌ。従来ノ精動ニ国民ガツイテ来ナカッタノハ精動ニハ『戦イ』ガ無イ、『盛上ル力』ガ無イ。其《そ》ノ結果デアル」といい、また「組織が結盟的」なものでなければならぬ、と主張し、つづいて麻生が声明文について「『コレデ行クノダ！』トイウ率直ナ力ニ欠ケテイル」と批判し、さらに永井柳太郎が「凡《およ》ソ新体制ノ運用ニ関シテハ、各分野ノ末端迄《まで》ヲモ同志的一体トスル広イ意味ニ解シテ差支ナイカ。広イ意味ニトルナラバ町会、部落常会ノ末ニ至ル迄、鉱山、工場ノ末端迄ガ一大同志的団結ヲ形作ル様ニナラネバナラヌガ、斯《か》カル大組織完成ノ暁ニハ

麻生　久

名称ハ兎《と》モ角《かく》一国一党ト実質ハ多ク異ラヌノデハナイカ。一国一党トイウ言葉ガ悪ケレバ一国一政治組織トイウテモ良イ。私ガ今述ベタ意味ニ於《お》ケル御声明ナノカ。ソレトモ経済文化ノ分野ニ於ケル上層指導階級ニ政治家ヲ参加セシメ政治的指導力ヲ結集スルトイウ意味ニ止《とど》マルノカ　明《あきらか》ニシテ頂《いただ》キ度《た》イ」と質問している。

この永井の質問に対し近衛は「新体制ノ活動分野ハ経済文化其《そ》ノ他国民ノ全生活ニ及ブモノデアル。唯《ただ》従来ノ精動ト異ル点ハ政治力、実践力ヲ持タセル点ニアル。其《そ》ノ為《ため》中核組織ガ必要デアル。ソノ中核組織ノ具体案ハ未ダ出来テイナイ。中核体ト既存ノ団体トノ調節ヲ如《い》何《か》ニスルカハ今後具体的ニ決メ度《た》イ」と、明らかに「革新」派寄りの答弁をしている。この問題に関して「復古」派の代表的存在である井田磐楠《いだいわくす》が「私ハ声明ニ就《つい》テハ未ダ充分ニ検討シテイナイカラ、次回ニ質問ヲ留保スル」としたため議論はこの日は発展しなかった。

第二には松岡外相が「一人ヲ刺殺サズ一プリンス近衛ノ出馬ニ依《よ》リ政党ガ解消シタ」のは「二十世紀ノ、否《いな》人類史上ノ最大ノ奇蹟デアル」といい、また「我国ノ一国一体ハ露独伊ノ真似デハナイ」とのべ、さらに「従来ノ政党政治、多数決政治ハ暴力政治デアッタ」「実ハ政党ハ解消シタクナカッタノデアロウト私ハ思ウ」とものべた。この最後の部分に金光庸夫が「書生論」だとしてかみつき、「左様ナコトハ成可《なるべ》ク閣僚トシテ言ワレナイ方ガ良イト思ウ。過去ノ事ヲイエバキリガナイ。大テイノ事ハ我慢シテ御協力ヲ致《いた》シテ行キタイト思ッテイル」とし、これに対し松岡が反駁し、また井田が「閣僚ダカラ発言ヲ遠慮セヨトハ何事デアルカ。外ニ出テ女ノ腐ッタ様ナ事ヲ言イ合ウヨリモ此《こ》ノ場デ心ノ底カラ御互ニ意見ヲ吐露セネバナラン。ソレガ嫌《いや》ナラ委員ヲ去ッテ貰《もら》オウ」と発言した。金光は憤然として「女ノ腐ッタトハ何ダ！　不謹慎極マル」と自席から叫び、これにまた井田が既成政党を攻撃して反論するといった調子で激論となっている。ここで有馬座長は「今後モ議論ノ余波トシテ過去ニ遡《さかのぼ》リ論及スルコトノアルベキハ已ムヲ得ズトスルモ成可《なるべ》ク之《これ》ヲ避ケテ積極的ナ新体制運動ニ関スル意見ヲ述ベラレ度《た》イ」と発言した。さらに第一回の会合で宣誓をしたいと提案し、後藤文夫が賛成して、「宣誓文案」作成のため休憩を提案、受入れられた。休憩後左のような幹事作成の誓詞案が座長から朗読されて可決された。

新体制準備会に臨む近衛首相　首相官邸にて。昭和15年（1940）８月28日

誓詞（誓と修正）

我等ハ大御心《おおみこころ》ヲ奉体シ一切ノ私心ヲ去リ過去ニ泥《なず》マズ個々ノ主張ニ捉《とら》ワレズ協心戮力《りくりょく》以テ新体制確立ノ為全力ヲ尽サンコトヲ誓ウ

この激論は反既成政党勢力対旧既成勢力の対立を表現していた。反既成政党ということでは「革新」派の松岡も「復古」派の井田も共通の立場であった。しかし「党」的存在の問題になると、むしろ既成政党勢力と「革新」派は共通の主張をもっていた。さきの金光は、

……例エバ近衛公ノ声明ノ中ニハ政党ハ部分的ナ利益ヲ代表スルモノデアルトイワレタガ私ハ政党ハ国家的利害ヲ代表スルモノデアッテ、党利党略ヲ代表スルモノデハナイト考エル。……政党ハ必シモ私ノ理想通リニハユカナカッタガ然《しか》シ一部分ノ利益ヲ代表スルモノト断ゼラルルハ心外デアル。

又一国一党モイカヌトイワレタガソレデハ指導啓蒙運動ニ過ギヌトイワレルノカ。政党ハイカヌガ組合ナラ良イトイエバ組合コソ部分的利益ヲ代表スルコトニナル。新体制ノ中ニ政党ヲ包含スルコトガ出来ルノカドウカ。之《これ》ハ出来ヌトナラバ法制化シテ指導力ヲ持タシメ強力ニスルコトニスルノカ。

と質し、近衛は村瀬法制局長官に「新体制運動ハ一人一派ノ私的又ハ対立抗争的運動デハナク、公的、挙国的ノモノデアルカラ、治安警察法ノ政事結社トナルモノデハナイ」と答弁させている。

このほか第一回会合で注目されるのは、軍との関係で、東条陸相が「軍官民一致トイウ事ニ就《つい》テハ精神的ニハ同感デアルガ、軍トイウ語ノ中ニハ軍隊ガ入ッテイルト思ウ。軍隊ハ大元帥陛下ノ統率ノ下ニアルノデアルカラ之《これ》トノ調節ハ今後ノ研究ニマツベキデアルト思ウ」とのべ、吉田善吾《よしだぜんご》海相も同感であるとし、軍隊としての陸海軍の新体制との直接的関係を否定したのである。

新体制の具体案

第二回の会合は九月三日に末次信正を座長として開かれている。葛生能久《くずうよしひさ》が首相の国体の本義についての信念をただし、ついで井田が座長からの指名で、具体案をみてからと留保した上で若干の質問をした。その中で井田は中核体の必要を認めた上で「体《たい》ヨリモ用ガ大切ナノデアル。如何《いか》ナル人々デ中核体ハ作ラレルノカ。機関ヲ運用スル人ガ大切デアル。……唯《ただ》心配スルノハ、国体ヲ守ル忠節ノ士、誠ノ人ヲ入レテ頂キタイ。……レールハ出来上ッテモ、汽車ニ乗ッテイル間ニ、知ラヌマニソビエートヘ行ッタノデハ大変デアル」と「革新」

派＝「赤」論をほのめかした意見をのべている。ただ質問の具体点は「1、新政治団体ノ中核体ト政府トノ二重性ノ問題、2、既存団体ヲ如何ニ取扱ウカ、3、ソレト関聯シテ指導力ノ問題」の三点であった。近衛は第二点について「国家的力ヲ以《もっ》テ政治結社ヲ禁ズル考ハナイ。然《しか》シ乍《なが》ラ、此《こ》ノ新体制ガ如何ナル意味ヲ持チ、如何ナル精神ヲ有シ、如何ナル必要ニヨリ生ジタカニ鑑《かんが》ミ、既存・現存ノ団体ノ解消ヲ希望スル」とし、第一点については具体案を示してからと答えている。

そして「具体案ハ未熟ナモノデアル。常任幹事ノ手許ニ色々ノ案ガ各方面カラ出テイルガ、之《これ》ヲ適当ニ取捨シタモノデアル。決シテ之ヲ押付ケルノデハナク充分其《そ》ノ長短ヲ御審議願イタイ」として具体案を提起、十分間休憩に入っている。

この時配布された具体案は『翼賛国民運動史』によると、次のようなものであった。

新体制要綱

方　針

新体制確立の基底は世界の新情勢に即応し国家国民の総力を集結して国運の進展を強力に促進する為日本的世界観に基く生活原理及組織に依《よ》り国民各々其《そ》の職域に応じ皇謨《こうぼ》翼賛《よくさん》の責務を具体的に完《まっと》うすべき国民組織を確立するに在り。之《これ》が為に先《ま》ず国民組織運動を指導促進すべき中核体たる政治組織体（中核体）を形成するを要す

要　領

一、中核体の具備すべき基本要件概《おおむ》ね次の如《ごと》し
1. 指導者組織たること　2. 政治推進力の母体たること　3. 最高指導者は総理大臣を以て之《これ》に充《あ》つること　4. 構成員は最高指導者の指名に依ること　5. 政府及議会と緊密不可分の関係に立つものたること　6. 上意下達、下意上通の機能組織たること
7. 戒律的機能を具備すること
二、中核体と政府案との関係
1. 政府の政策の立案及実施に関し緊密不可分的に協力すること　2. 官吏も構成員たるを得ること　3. 帝国議会に於《おい》ては構成員たる議員を以《もっ》て指導的地位を確保すること
4. 軍は中核体に対し積極的に協力すること　5. 軍及政府と中核体との連繋を緊密ならしむる為必要に応じ適当なる連絡方法を講ずること　6. 中核体は民間団体の再編成を指導促進すること
三、国民組織一般の構成は中核体の結成と共に具体的に逐次実現を図ること

一、理　念

新体制は世界の新情勢に即応しつつ、我が国際環境の難関突破を目指し、国家的総力の一飛躍を遂げる体制を整備せんとするものである。これを日本国体不動の性格に基きて構成せんとすることは云《い》うまでもなく、従って政治体制としては一国一党をとらず、帰一翼賛

の体制をとり、経済体制としては職能本位を貫串《かんかん》したる国民組織の確立をはかるにありとす。即ち次の見地をとる。

一、国民組織そのものに下意上通の本質的機能あるものと見、これを政治力の地盤と見る。

一、国民組織の中枢組織に政治力の集中を見んとす。

一、議会はこの基礎の上に翼賛体制として漸次改新されること。

二、中核組織

一、国民組織の確立は、先《ま》ずこれを指導促進すべき中核としての中央指導部の確立に始まる。その基本条件次の如《ごと》し。

1. 国民組織を推進する中央機関たること。 2. 政治結社（党）に非《あら》ざること。

（右1.、2.は中央指導の機関としての性格）

3. 明確なる世界観の上に立つ政策体系をもつこと。 4. 国家権力と緊密不可分の関係に立つこと（軍及政府の積極的協力を絶対案件とす）。

（右の3.、4.は中央指導部が事実上党的な強力性をもつための基本条件である）

二、中央部組織の構成

1. 総裁の下に於《おい》て事務局系統と国民協力会議との二つの系統に分る。

2. 右は所謂《いわゆる》二本建に非ずして、国民協力会議は総裁の諮問に応え、国民と直接連絡連関を保ちつつ、執行機関としての事務局の「バック」をなす。従って国民協力会議もまた国民組織促進のための機関であるが、議会に代るが如《ごと》き一般的なる国民参政の機関には非《あら》ず。

3. 中央事務局は理事会の下に属し、国民組織を指導促進する執行機関としての部局を以《もっ》て構成す。

4. 国民協力会議は道府県市町村の地方構成より成る。

5. 中央部員は理事、常務理事以下すべて総裁の指名に依《よ》る。

三、中央部と政府諸機関との関係

1. 総裁は総理大臣を以て之《これ》に充《あ》つ。(総理大臣が総裁たることによる官僚機構化、精動化、一般的に云《い》って弱化、即ち総裁交迭《こうてつ》によって生ずる内部構造上の不安は、中央部強化の要求と根本的に矛盾す。この矛盾を始めより自覚して実践的に補う努力を行うの他なし。)

2. 政府並に議会と中央部とは常に緊密なる協力を保つ構成上の用意をなす。

3. 官吏並に陸海軍人も加入すること。(実際問題として、官吏、軍人の加入は絶対必要なり)

三、組織方針

一、政治

議会に対しては、従来の三権分立的憲法解釈を清算して、執行府との間に内面的協力関係を緊密ならしめ、執行部と相扶《たす》け相戒《いまし》め合いつつ、翼賛議会たるの、帝国議会本来の真面目《しんめんぼく》を発揮せしむることを根本の目標とす。そのため貴族院令改正、衆議院議員選挙法並に議院法の改革を試む、また右の方針に沿って、戦時議会運用を完からしむることを当面の目標とす。

二、経　済

経済機構の再編成の目標とするところは、無数の個別の資本を国全体の一個の資本なるかの如《ごと》く動かし得る組織を作るにあり。資本の所有を云々せんとするに非ず。国全体の資本の運動を恰《あた》かも一個人の意志にて働かし得るが如き組織を作るにあり。農業の場合に於《お》いても同様で、土地所有を変えるに非ずして、土地の使用を計画性のもとに置かんとするにあり。かかる目的を産業人自身の活発なる創意の下に実現せんとするのが新組織の理念である。

1、産業（工、鉱業）

イ、一般的には産業経営を利益本位（経済本位）から機能本位（生産主義）に転換することを以て基本とす。

ロ、このためには経営を資本支配から独立せしめることを必要とし、経営指導者の新たなる権限を定め、経営指導者の立場を確立してかかることを必要とす。（換言すれば

経営指導者の責任の所在を株主に対するものから国家公共に対するものへ転換せしめることを必要とす）

ハ、業態別による系統的カルテル組織（産業別職能団）の確立。

ニ、このためコンツェルンは場合により解体をまぬかれず。

2、商　業

イ、手数料主義の徹底による配給機構化を促進せしむること。（内容の変化）

ロ、商品別による職能団を構成するも、一面に於《おい》て産業別系統組織の中に組込まるべし。（形態の変化）

ハ、商人の編成替えをなすものにして、その切り捨てによる整理をなすものに非ず。

3、農　業

イ、実行組合乃至《ないし》農業小組合を単位細胞として農業協同組織の一元化をはかる。この一元化せるものを「単位農業組合」とし、これを基礎として、産組、帝農その他の団体の一元的統合をはかる。

ロ、農業生産力の向上をはかるための基軸として耕地管理を行う。この上に農村協力体制の理念を築くこと。

4、以上と同様の観点から、金融、貿易、交通、運輸等に亙《わた》り業態別職能団の組織を作ること。

具体案をめぐる議論

再開された会議はこの具体案をめぐって議論が展開された。まず既成政党側からの批判が行なわれた。岡田忠彦が発言し、①「中央協力会議ノ地位ガ低ク見ラレテイル」こと、②「中央部ノ頭ガ重スギル。一方ニ於《おい》テ中央部ガ全部ヲ切廻ス様ニ思ワシメル虞《おそれ》ガアル」こと、③さらに「総理ト内閣トノ関係ニ於テモ総理ガ強スギル。カクノ如《ごと》キモノデハ閣僚ノ地位ガ軽クナリ、我憲法上輔弼《ほひつ》ノ責任アル国務大臣及大臣ノ輔佐役タル役人ノ責任ガ薄クナル、悪クイエバ中央部ハ幕府的存在トナル」可能性があること、④当面は仕方ないとしても「将来ハ総理ト総裁ハ別ノ方ガ良イ」ことを指摘した。小川郷太郎はさらに直截に、新体制と議会の関係について、「新体制ニ対スル世間ノ疑惑即憲法上議会ノ権能ニ触レヌノカ」と質している。小川はしかしまた「国民組織ノ中核体ハ精動ト並ンデ筋金入リモノダトイウ事デアルガ、ソレ故《ゆえ》ニコソ中核体ハ国民組織完成後モ必要ダト思ウ。法制局長官ノイワレルノハ観念的ニハ中央本部ハ国民組織完成後ハ解消スルガ事実的ニハ指導力アルモノトシテ残ルトイワレルノカ」とも発言している。永井柳太郎も「従来ノ政党結社ノ解散後国民運動ヲ指導スベキ中核体トシテ中央本部ヲ恒久化シ、次ニ中央本部ニ上意下達下意上達ノ機関ヲ結合シココデ政策ノ大本ヲ決定シ、ソレヲ内閣ニ実行セシメレバ楽ニ動ケルノデアル」とのべている。同じ既成政党人でも、岡田や小川が議会の権限削減に危機感を表明したのに対し、永井のほか小川も中核体＝党的なものの必要性を強調した。さらに永井は「立憲的独裁政治——独裁トイウ語ガ不穏当ナラバ——立憲的簡明直截政治」、つまり党の指導する国家体制を主張しているのである。

橋本欣五郎も永井に賛成だとして「ムシロ中央本部ヲ実体トスベキ」であると主張する。これには金光も賛成し、「職能的ニ最高会議ヲ組織スルコトハ、ドウモ組合国家トナル危険ガアル」と主張した。中野正剛も永井、橋本に賛成した。

中野はさらに「地方支部長ヲ知事ナドニシテ誰ガツイテ来ルカ」と問題を提起し、松岡も同調、「地方支部長ヲ知事ニスルナドトハ以《もっ》テノ外《ほか》デアル」と主張したが、この問題は以後大きな争点となった。

九月六日の第三回会議は、後藤文夫が座長に指名され、まず麻生久が逝去したことに哀悼の意を表し、前回につづいて幹事試案をめぐって議論が展開された。この中では中央本部と協力会議の二本建ての可否、中核体の総裁の問題、事務局の整理の問題等が議論となり、そして幹事作成の規約要綱案および綱領草案が配布され、その議論をつめるために総理指名の小委員会を設置することにして散会した。その幹事の案はやはり『翼賛国民運動史』によると次のようなものであった。

綱領草案

一、八紘一宇《はっこういちう》の皇謨《こうぼ》にもとづき東亜の新秩序を建設し、以《もっ》て世界平和の確立に寄与せんことを期す

一、国体の本義にもとづき旧来の積弊《せきへい》を芟除《さんじょ》し、庶政を一新し国家の総力を発揮し、以て国防国家体制の完成を期す

一、万民各々其《そ》の職分に奉公し和衷戮力《わちゅうりくりょく》以て大政翼賛の臣道を完《まっと》うせんことを期す

規約草案

第一、本会は○○○と称すること

第二、本会は万民翼賛国民組織の確立を指導促進するを以て目的とすること

第三、会員は綱領を体得し之《これ》が実践に当る者を以て構成すること

第四、本会は中央本部を東京におくこと

第五、本会の総裁は内閣総理大臣が之を兼任すること。副総裁、顧問および総務は総裁の指名によること

第六、総裁は本会を指導統率すること

第七、副総裁は総裁を輔《たす》け必要あるときは総裁を代理すること

第八、顧問は総裁の諮問に応うること

第九、総務は総裁を輔け本会に関する重要事項を審議すること。常任総務は会務を担当す

ること

第十、中央本部の事務を処理するため事務局をおき之を左の十一部に分つこと

総務部　政策部　組織部　議会部　経済部　文化部　青年部　訓練部　国民生活指導部　宣伝部　東亜部

中央本部に本部長をおくこと。各部は部長および部員を以て構成すること。本部長および部長は概《おおむ》ね常任総務を以《もつ》て之に充《あ》つること。本部長、部長および部員は総裁の指名によること

第十一、事務局に参与若干名をおき本会の企画および活動に参画せしむること。参与は総裁之を指名すること

第十二、本会に新体制促進中央協力会議を付置すること。新体制促進中央協力会議員は総裁之を指名すること。右の内半数は道府県協力会議の推薦したる者の中より総裁之を指名することにすること

第十三、本会は道府県、郡市、町村、その他適当なる地域に支部をおき各新体制促進協力会議を附置すること。支部の役員は総裁之を指名すること

第十四、本会の経費は会費、政府補助金其《そ》の他を以て之に充てること

第十五、本会に関する規程の制定ならびに変更は総《すべ》て総裁之を決すること

特別審議会

つづいて九月九日に特別審議会が開かれ、翌一〇日第四回の会合が開かれた（有馬座長）。そして有馬が特別審議会の審議内容を報告している。

それは第一に「中央本部ト協力会議ヲ一本建トスルカ二本建トスルカ」という問題で、これについては「結局強力政治ヲ行ウトイウ意味ト万民翼賛体制デアルトイウ意味ヲ合セテ両者ヲ合併シタル一本建トナ」り、また「協力会議ハ議会ト牴触《ていしょく》スル恐《おそれ》アルヲ以《もっ》テ大キクスベカラズト云《い》ウ意見ニ一致」したこと、第二に「中核体ノ総裁ノ問題ハ近衛公ノ総裁ニナラレルコトヲ規定スベシトノ意見モアッタガ結局総理大臣又ハ総理大臣ノ指名スル者ガ総裁トナルコトニ意見ノ一致ヲ見タ」こと。第三に、「事務局ノ下ニ十一部アッタノヲ『各部』トイウ事ニシタ」こと。そのほか「府県支部長ハ知事ニスルカ、民間ノモノニスルカニ就《つい》テハ、窮屈化ヲ避ケ人物本位ニ依《よ》ル事ニシタ」ことなどであった。

これらは一致した点であるが、議論が白熱して「全然決定ヲ見ルニ至ラナカッタ点」として「会ノ名称」があるとし、結局「マトマラナイデ案ガアレバ各自ガ書イテ総理ニ提出シ総理ニ選択シテ貰《もら》ウコトニシタ」と報告した。ただし問題はかなり深刻で、「唯《ただ》会デアルカドウカトイウ点デハ議論ガアッタ。……即《すなわ》チ新体制ソノモノヲ会トイウノカ、中核体ノミヲ会トイウノカ。即チ国民組織ニ重キヲ置クカ、又ハ実践行動ノ推進力ニナルモノニ重キヲ置クノカ。其《そ》ノ点ニ混同ガアッタ様デアルガ、後ニ至ッテ全体ヲ会トイウノデハ無ク、中核体即チ運動ノ中心・推進力ヲ会トイイ、ソノ会ノ規約デアルコトガ明瞭ニナッタ。ソレ故《ゆえ》会トイウノハ部分的ノ塊デハ無ク全体ヲ指ストイウ誤解ハ無クナッタ。然《しか》シ中核体ノ役員ト中核体ニ参加協力スル国民ノ一部ガ会ヲ組織スルコトニナルト、此《こ》ノ圏外ニ立ツ国民ガ生ズルコトニ成リ部分的ニナッテ、万民翼賛ノ本旨ニ反スルデハナイカトイウ議論モアッタ。然《しか》シ万民翼賛体ニ全国民ガ参加スルコトハ勿論《もちろん》デアリ又国民組織ハ今日ト雖《いえど》モ存在スルノデアリ、唯《ただ》ソノ国民組織ガ不完全ナモノデアリ、ソノ機能ガ不十分デアルカラ、真ニ翼賛ノ実ヲ挙ゲシムル事ガ必要デアル。ソノ為ニハ単ニ精神的ナモノデハナク、実際行動上ノ強力ナル推進作用ヲ営ム中核体ガ必要ナノデアル。即《すなわ》チ中核体ヲ構成スル役員及協力会議ニ選バレタル人ガ

有馬頼寧　後に大政翼賛会初代事務総長となる

役員トナッテ之《これ》ガ全国民ニ呼掛ケルコトトナレバヒイテハ全国民ガ加入スルコトトナル。勿論過渡的ニハ之ニ加ラヌ国民ノ生ズルコトモ止《や》ムヲ得ヌト考エルト云《い》ウ議論ガ一方ニアッタ。故《ゆえ》ニ此《こ》ノ問題ニ付テハ此処《ここ》デ再検討スルコトトシ、運動トイウ論者モ会デヨイトイウ論者モ更《さら》ニ練ッテ頂キ度《た》イ」と有馬は報告した。

方向性の決定

矢部は九月九日の小委員会の最中、牛場に呼び出され総理官邸に行った。その小委員会で「武藤軍務局長の横車で、近衛声明がどうあろうとも『政治力の結集』のためには会員組織にしなければならぬと、一国一党の含みを明かにして主張し、それが採《も》めている」と聞かされた矢部は、それについての意見を問われている。矢部は近衛らに向って「例えば成年以上の全国民を当然に会員とするというような『会』なら万民翼賛運動の建前と矛盾せず、又中核体を、『役員会』というような意味で『会』というならこれも可だが、一般国民をも含めて会員組織とし、会員と非会員とが区別され、而《しか》も規約だの綱領だのと言って団結性を言うことになれば、これは明かに一国一党で声明と矛盾し、凡《あら》ゆる弊害を伴う。……加之《しかのみならず》、結社にしたり、『会』としたからとて、毫《ごう》も政治力の結集にはならぬので、呉越同舟に過ぎぬのであり、声明の建前で行っても、人的構成や実践の実際でいくらでも同志的結合の質を挙げて行くことは出来る。例えば中核体に属するものは総裁に指名された時に一定の行動規律を宣誓するという風なことでもいいのではないか」というものであった。矢部はその日の日記に「総理は、建前は変えぬ決心らしく、只《ただ》その決裁をした場合に軍部の反対、他の議会人等の反対がどんなものかを心配しているらしい。然《しか》し国体を明かに無視し、声明と矛盾し、軍の一国一党に屈して何の新体制をやだ。そんなものを作る位《くらい》なら玉砕に如《し》かず」と記している。矢部は一国一党に反対という声明の線を守るべしという意見であった。むろん、それは中核体不用論ではない。

ところで準備会ではさきの有馬報告をめぐって議論が展開されたが、結局有馬が「推進機関ト全体トヲ区別スルコトモ良イガ、井田案ノ如《ごと》ク一本ニマトメルコトモ良イ。ソコデ幹事側デ全国民ノ参加スルコトモ明瞭ニシ又必要上推進機関ヲ設ケルコトヲ案ニ現シテハ如何《いかん》」とまとめ、この線で大体の賛成が得られている。

翌日夕方矢部は迎えられて近衛の荻外荘に赴き、近衛、牛場、松本重治と話し合った。「松本君の話し少し曖昧のところがあるが、とにかく両意見を妥協させて、中核体に国民実践隊乃至《ないし》推進隊を含めたものを全国民の翼賛運動の『機関』として団体性を認めるという程度で落着したらしい。会員、非会員というような区別は絶対に行かぬと僕は言ったが、そうではなく、凡《すべ》て役員という意味だというから、それなら説明がつくと公爵に答えた。それは昨夜僕が公爵に言った妥協点と同じで、中核体の役員を役員会という意味で、団体性を認めるということと同じだ」と矢部は『日記』に記している。

さらに『日記』によると、十一日矢部は後藤にまた「中核体を会にすることの可否」を質されている。矢部はもうすでに答えた通りに答え、そして「隆之助は、自分〔矢部〕が矢張《やは》り『新党』〔論〕だ新党だと言う。わけの判らぬ人だ」と記した。もっとも中核体の必要をいい、会と名づける以上、それが実質上新党だと後藤が考えたとしてもおかしくないだろう。「会」を認めたくないという意見は、「復古」派の主張するところであった。

さきの九月一〇日の準備会で大体の方向性が決定されたということであろうか、風見は翌一一日二通の意見書を近衛に送った。その一つは「運動開始順序」で、その内容は次のようなものであった。まず「貴衆両院議員を含め在野政治家、財界、学界、その他あらゆる方面の代表者を出来るだけ多く招待し、その席上に於《お》い て総理大臣は運動開始の声明を」し、その「声明は全国にラジオ放送」すること、同時に予め銓衡《せんこう》しておいた中央本部長以下の主要役員を発表すること、声明後なるべく「早き時期に於て国務大臣自ら陣頭に立ち全国的宣伝を行う」こと、さらに「中央本部に於ては内地各県郡市朝鮮台湾等に至るまで全国的宣伝戦展開の準備を完了すること」などであった。

もう一つは「中央本部の結成に就《つ》いて」と題するもので、「原則として総務は中央本部長の相談機関たるに止《とど》め部長を兼任せざること」、「総務は既成人物中の大ものと、例えば小山亮、赤松克麿の如《ごと》き政界の新人を配合して旧人物のみに非《あら》ずとの印象を濃厚ならしむるを要す」、「各部長に於《おい》ても例えば議会部長を前田米蔵氏に振当て、総務部長に松本重治氏の如きを置き、青年部長に三十台《ママ》の人材を登用するが如き工夫を凝《こ》ら」すことなどを主張し、さらに「総務には次の如き構成を可とすべし」として次のようにのべている。

(イ) 議会関係　前田米蔵、山崎達之輔、岡田忠彦、砂田重政、永井柳太郎、桜内幸雄か或《あるい》は桜井兵五郎、秋田清、金光庸夫、三輪寿壮、小山亮、赤松克麿。貴族院関係二名又は三名（後藤文夫等）

(ロ) 在野政治家　中野正剛、橋本欣五郎。

(ハ) 緒方竹虎、高石真五郎、正力松太郎、古野伊之助。（新聞関係は特に総務級に採用して一種の責任を持たしむるを可とすべし）

(ニ) 議会関係に於《おい》て若《も》し太田正孝等の第二流の人物を総務とする場合には却《かえ》って聯絡に於て不便を感ずべきが故《ゆえ》に総務級には所謂《いわゆる》督軍連《とくぐん》を拉し来り置くことを便宜とすべし。

新体制準備会の閉会

さて、九月一三日に開かれた第五回準備会（有馬座長）では「常任幹事会デ修正決定シタ規約要綱案」が配布され、富田内閣書記官長がそれを朗読し、次のように「変更シタ点ヲ説明」した。

一、前回ハ「会」デアッタガ、今度ハ「運動」トシ、「会」ハ「運動」ノ実行推進機関デアルト云《い》ウ風ニ修正シタ。是《これ》ガ大キナ修正デ前回御決定ノ趣旨ニ従ッタモノデアル。
二、従テ全国民ガ運動ニ参加スルコト、及綱領ノ具現ヲ目的トスルコトノ点モ加エタ。
三、指導推進ノ機関ヲ設ケ之《これ》ヲ「会」ト名付ケ之ニ付規定シタ。
四、総裁ハ本会ヲ統率スルト同時ニ運動ノ指導ヲモ為ストノ両方ヲ兼ネルコトヲ明カニシタ。
五、終リノ方ニ経費ニ付テハ一応会費ヲトルコトニ前案通リ其《そ》ノ儘《まま》残シタ。
六、要綱案第十六ハ前回ノ案ニテハ本会ノ規程トアッタノヲコノ要綱案ガ運動規約ト改マッタ関係上「運動云々」トシタ。

これに対し大枠としては賛成の空気で、その枠内で若干の修正意見がのべられた。ついで「綱領草案」が朗読され、これに対する各人からの修正意見を参照して、左のような座長修正案が出され、決定となった。

一、肇国《ちょうこく》ノ精神ニ基キ大東亜ノ新秩序ヲ建設シ進ンデ世界ノ新秩序ヲ確立センコトヲ期ス
一、国体ノ本義ヲ顕揚《けんよう》シ庶政ヲ一新シ国家ノ総力ヲ発揮シ以《もっ》テ国防国家体制ノ完成ヲ期ス
一、万民各々其ノ職分ニ奉公シ協心戮力《りくりょく》以テ大政翼賛ノ臣道ヲ全ウセンコトヲ期ス

これで大体の議を尽したが、なおもう一度開くことにして散会した。

九月一二日矢部は常任幹事会の決定した運動および中核体の規約を受取り、一三日朝首相官邸で牛場、松本と会い「昨日の新体制規約につき僕の意見を述べ、修正案を主張」して、賛同を得、また近衛にも意見をのべている。これは前述の案に反映されたのだろうが、具体的にはわからない。興味深いのは、翌一四日の矢部の日記である。矢部は前日、近衛に会った時、近衛から「新体制の声明を岸本君（之《これ》は解剖時代に笠森二郎というペンネームで書いていた人で、富田書記官長が拾って内閣嘱託をしていた）が書いたのだと右翼の連中が言い出し、面倒なので安井内相が言って辞めさせた」と聞いたことを記した。前述のように声明は矢部が書いたのであって、矢部はこの話を聞いて「原文を書いた者が如何《いか》なる意味でも責任を負うという理はない」のに、「そんなことを右翼が言ったところで、それで、人の進退を決めるなどということが凡《およ》そあろうか！」、事実矢部が書いたということになれば右翼が問題とするだろうが、その時も「近衛さんはのほほんとしているだろうか。〔狡〕兎死して走狗《そうく》煮らるか！」と、はげしくこのような近衛の態度に憤慨している。このエピソードで準備会の進行の裏側でかなり「復古」的な「右翼」の反撃があったことを知ることが出来るとともに、困難にぶつかった際の近衛の無責任な行動様式をも知りうるのである。

九月一七日に最終の第六回準備会が開かれ、若干の人びとの発言があり、とくに井田が、

「国民全体ノ運動ニ綱領ハ存在シ得ヌ。ソレヲ能《よ》ク成シ得ルノハ詔勅ノミデアル。吾々ガ綱領ニカカゲテ国民ヲ指導シ得ルト考エルナラバソレハ国体違反デアル」などの批判的発言をしたが、議論にはならず、次のような近衛の挨拶が行なわれて閉会している。

此《こ》ノ準備委員ヲ御願シテ以来会合ノ開カルルコト数回ニ及ビ、各位ニ於《お》カセラレテハ御多忙ノ所残暑ノ酷シキヲ御厭《おいと》イ無ク御集リ下サレ、其《そ》ノ都度《つど》極メテ熱心且《かつ》真剣ニ凡《あら》ユル角度ヨリ新体制ニ関シテ論議セラレタルコトハ感謝ニ堪《た》エナイ。最初ノ間ハカナリ離レタ意見ノ対立モアッタ様ニ思ワレタノデアルガ、会合ヲ重《かさ》ヌルニ従イ又小委員会ヲ設ケル等ノ事モアッテ、自ラ一定ノ数ガ定マッタモノノ様デアル。唯《ただ》最後ノ決定ハ総理ニ一任サレタノデアルガ、今後尚《なお》各位ノ述ベラレタル趣旨ヲ充分ニ参酌《さんしゃく》考究シ更《さら》ニ国体並《ならび》ニ憲法ノ本義ニ照シ、慎重ニ考究ヲ重ネ、最後ノ決定ヲ為シタイト思ッテイル。尚先日此《こ》ノ会ノ生ミノ親ハ私デアルト云《い》ワレタ方ガアッタガ、生ミノ親ハ準備会ニ参加セラレタ皆様ガ全《すべ》テソウデアル。生ミノ親タル役目ヲ果サレタ以上今後モ新体制ノ完成ヲ見ル為ニ陰トナリ日向《ひなた》トナッテ御協力ヲ御願イシタイ。唯今末次氏ヨリ御話モアッタガ、私共ハ新体制ノ可及的速《すみやか》ニ完成スルコトヲ望ム一方、内外時局重大ノ折柄国務ヲ等閑《とうかん》ニスル如《ごと》キハ毛頭無イノデアル。近キ将来時局ハ一層重大性ヲ帯ビルニ至ルデアロウ。我邦ノ百年二百年ノ先ノ運命ヲ決定スベキ重大ナル場面ガ極メテ近キ将来ニ来ルコトガ予想サレルノデアル。一歩ヲ誤ッタナラバ千載拭《せんざいぬぐ》ウベカラザル汚点ヲ国史ニ貽《のこ》ス虞《おそれ》ガアルノデアル。……一億一心―今日迄《まで》ハ形容詞ト考エテイタ此《こ》ノ言葉ハ決シテ形容詞デハナイト云《い》ウ事ヲ真ニ感ジタノデアル。否今日ノ私ノ心境トシテハ一億一心デモ尚《なお》足リナイノデアル。ドウカ皆様モ此《こ》ノ気持デ新体制ヲ完成スル為ニ御努力願イ度イノデアル。

中央本部の人事構成

さて、すでに風見の意見書に示されたように中央本部の構成が具体的な問題となりはじめていた。

有馬の日記をみていくと、彼は病気がちで八月二七日には「此儘《このまま》では倒れる。新体制でも閑職につかせてもらうよう頼む」と書いているが、九月一二日「法相〔風見〕を訪ねて新体制の人選の件につき話をし」ているし、翌九月一三日にも午前九時から「後藤、富田氏と人事の相談をし午迄《ひるまで》かか」ったという記事がみえる。一四日には「近衛総理の私邸に行き、風見、後藤、書記官長と同席、新体制の人事につき相談。……副総裁を廃し本部長は私にやれとの事。常任総務を置き、其《その》人選は決定に至らず、今度はほんとうに決意してかからねばならぬ事となる」とあり、この時点で有馬が本部長（実際は事務総長）に決定していることがわかる。

有馬日記には、つづいて一五日「後藤隆之助氏来訪、人の事につき話あり、やはり何かの役づきを希望しているらしい。風見君と会わぬのは困ったことだ」、一六日「法相に面会、人事の事につき相談。明日四、五の人と人事の事につき相談することに約束」、一七日「霞山会館に於《お》いて人選に入る。後藤、古野氏受けず。従って常任は二、三人に変更。局部長は決定に至らず」とある。この日付の海軍の情報（『現代史資料44』）も有馬が決定したほか、人事がすすんでいないことを示している。

九月一八日には「両後藤、古野、風見、富田と六人で人選をしたがやはり決定せず。明日総理の意見をきくこととす」、一九日「十時半近衛邸に行き人選につき相談の上、十二時半星ケ岡に行き後藤氏と中食をし、風見、古野氏と相談。中々まとまらず四時散会」とある。二〇日も人選、ようやく、二一日に至って有馬は逓信省に山田次官を訪問して「松前《まつまえ》〔重《しげ》義《よし》〕君の〔割愛の〕件を話す。新体制に関し非常な熱意を示され、松前君の事運んでくれるとの事」で「一安心」し、その後、「法相を訪問。古野〔伊之助〕氏を招き、古野氏に組織局長を暫《しばら》くやってもらう相談を」している。有馬はこの日「総理の同意を得れば大体まとまることになる。橋本君の事だけ残る」と書いている。橋本は橋本欣五郎の事であろう。

人事についていては諸方面からさまざまな要求があったに違いない。「有馬頼寧関係文書」中には、風見からの、多分一〇月四日と思われる書簡がある。その中に「河上丈太郎《かわかみじょうたろう》氏来り、旧社大系中別紙之人達を依頼したしとて申出有之《これあり》、御届け申上候《そうろう》。尚《な》お三輪氏急に九州へ旅行したるに付き同氏に代りて来りたる由にて、役目は何にても宜敷しとの事に候」として、別紙に河野密、平野学、浅沼稲次郎、阿部茂夫、亀井貫一郎、三宅正一の六名があげられている。社大党系では麻生の死後三輪がその代りの役目をしていたらしい。実際に河上が総務となったほか、三輪、亀井が部長の上、そのほかのものもそれぞれポストを得ている。また多分同じ日と思われるが風見から有馬に永井を総務長に推薦した書簡もある。「革新」派としての永井に対する風見の評価がうかがわれる。

前述の橋本欣五郎の件であるが、九月二二日の有馬の日記に「明朝木下、鈴木の両中佐来訪の由。橋本氏の件らしい」とあり、翌二三日「午前八時半木下秀明中佐と鈴木京中佐来訪、橋本大佐の件につき相談あり。大体了解出来たと思う」とある。さらに二六日に「朝秋永大佐と牧中佐が来た。青年局と橋本君の事をいう。実現されず」とある。近衛文書の中には、「青年部長又は訓練部長或《あるい》は組織部長に橋本欣五郎説あるも」、彼は「原理的に一国一党論の程度を出でざること」などを理由に反対意見をのべた意見書がのこされている。残念ながら筆者が不明であるが、青年部はとりわけ中核体中の実力部隊に擬せられたような存在であり、しかも橋本が一国一党論者であることから排斥されたろうし、橋本のひきいていた大日本青年党は中野のひきいていた東方会とともに組織人員の大きさをほこっていたのであるからその関係もあったろう。結局橋本は部局長にならず常任総務に就任した。

有馬日記には以後も延々と人事についての相談がつづいている。九月二二日首相と相談、また「隆之助君より不満の手紙をもらう。何をおこっているのか。お国の為め、首相の為めなら、どんな事も忍ぶべきではないのか」とあるようにポストをめぐって内部にいろいろ軋《あつ》轢《れき》も生じていたらしい。翌日も首相と相談、「二、三日延すこととなる」。この夜橋本が来訪「常任にて満足され、一段落つく」。二四日には風見、古野と後藤隆之助について相談、二五日も首相、書記官長と相談しているが、有馬は「小泉氏と後藤文夫の件さえ形《(ママ)》づけば大体きまる。軍務局長何か不満らしいが、もう延せぬ。やはりもっと独裁的な強力なものを作らねば駄目だ」と記している。二六日常任総務の人選が終ったらしい。「常任総務は遂に十一名となる。中野氏に首相が約束しておられたので如何ともしがたい。その振りあいから八田氏と衆議院から一名入ることとなった」。結局最終的には一一名となった。またこの日「局を四局とし、組織には後藤隆之助氏を入れる」と決定。人事もさることながら局の数も流動的であったのである。

ついで二七日井田《いだ》磐楠《いわくす》の常任総務就任承諾を得ている。これは「復古」派代表である。翌二八日の有馬日記には「新体制の事があるのに風見氏を離さぬ〔風見は法相〕総理の心持ちもわからぬ。後藤文夫、後藤隆之助、富田書記官長の間の行動に意に満たぬ事多し。今後の困難思いやられる」とあり、有馬も人選問題でかなりまいっていることがうかがわれる。二九日相談会、「是松氏は監察部長とする。明日から松前氏を招いて早速始めることにする。後藤氏は手持ちの物をとらず知事を二人も取るという。少々平素の主張と矛盾する」とある。松前は松前重義で、彼を有馬自身が兼任する総務局の中心部長である総務部長にすでにすえたのであろう。事務局の人選にかかるという話である。後藤隆之助の話は、組織局長として組織部長に清水重夫、青年部長に栗原美能留《くりはらみのる》の二人の内務官僚をとったということだろう。二人ともいわゆる新官僚で恐らく地方組織推進のためであったろうが、配下の笠信太郎《りゅうしんたろう》や羽生三七《はにゅうさんしち》を警察の反対でとることが出来なかったということも原因であったろう。翌三〇日首相官邸で富田、後藤、風見と人選、松前も参加したが、「部長の詮考全部終ら」なかった。

一〇月一日「午後二時前田氏宅に後藤、富田両氏と訪問、議会局についてきく。部長、副部長に関し他の局の部長、副部長と釣合いとれず未決定」とある。議会局設置自体についてもいろいろ問題があったが、ここでは人事のことである。前田米蔵は議会側の代表的存在である。翌日も前田邸を訪問「議会局の事につき打ち合わす。総務級を部長にする意見の様だが、これでは若い人が承知すまい。他の局と議会局とが対立するのではないか」と人選がすすまない。この日も有馬は「後から後から問題が出てくる。首相がもっとしっかりして欲しい」、翌日も「右を見ても左を見ても故障許《ばか》り。荊《いばら》の道とはこのことか」と弱音を吐いている。一〇月二日には末次を訪ねると（彼はすでに協力会議議長に予定されていた）、「協力会議に書記局を作る希望」を出されて、これにもまた困惑しているのである。「強力な中核体」作りは強力にはすすめられていない。

第七章　大政翼賛会の発足

綱領・宣言なしの発会式

ところで九月二七日の閣議で「運動の名称を『大政翼賛運動』とし、これを推進する機関として『大政翼賛会』を置く」こと、大政翼賛運動規約および最高人事を決定した。役員としては、『翼賛国民運動史』によると、

常任総務―有馬《ありま》頼寧《よりやす》、井田《いだ》磐楠《いわくす》、大口《おおぐち》喜六《きろく》、大久保《おおくぼ》立《たつ》、後藤文夫、永井柳太郎、中野《なかの》正《せい》剛《ごう》、橋本《はしもと》欣五郎《きんごろう》、八田嘉明、古野伊之助、前田米蔵

常任顧問―及川《おいかわ》古志郎《こしろう》、風見章、東条英機、中島《なかじま》知久平《ちくへい》、安井英二

職員―（事務総長兼総務局長）有馬頼寧、（議会局長）前田米蔵、（組織局長）後藤隆之助、（企画局長）小畑忠良

が任命された。なおこの閣議決定の日は日独伊三国同盟の調印が行なわれ、日本の外交進路が決定づけられた日でもあった。

この役員の決定によって一〇月四日には常任総務会が開かれている。有馬は日記に「支部

長の問題最も議論の中心となる」と書いている。結論は出なかったらしいが支部長選任問題が再び議論となっていたらしい。この日有馬は「政党、官僚と巡々に攻め、而《しこう》して一方極端な右翼左翼に乗せられぬ心構え必要なり」と書いている。一体「左翼」として具体的に何を考えていたのであろうか。これからはうかがえないが、すでにはじまっていた翼賛会＝「赤」論を気にしていたのだろう。

一〇月五日になっても有馬は「人選相変らず進まず、翰長〔書記官長〕や後藤氏の態度面白からず。総務部長〔松前〕を無視し、草間〔時光・総裁秘書〕氏だけ相談に入れる。学閥を排したく、荊《いばら》の道も少しひどすぎる」と書いているが、難航はつづいていたようである。六日総務局の人事を終了、七日地方長官会議で有馬は支部長問題で質問を浴びたらしい。そのあとも人選をすすめ、一〇月九日にはまた常任総務会が開かれ「例により支部長問題やかましく、又推進班問題となる」。「復古」派の代表ともいうべき井田にもなやまされたらしく、「井田という人は困った存在だ。会議中は発言もせず、終った頃に何か捨ぜりふをいう」と書いている。

一〇月一二日午前九時二五分から首相官邸大ホールで大政翼賛会の発会式が挙行されたが、実はこの日は近衛の誕生日であった。発会式をこの日に行なうことを誰が発案したのかはっきりしないが、このことは大政翼賛会の指導者としての近衛を際立たせることを意図したものと思われる。発会式には近衛をはじめ閣僚、内閣参議、貴衆両院議長、旧政党総裁、大政翼賛会の役員ら約一〇〇名が参加した。松前総務部長が開会を宣言し、近衛が紀元二千六百年記念に賜りたる勅語を捧読、英霊感謝と武運長久祈願の黙禱をささげたのち、有馬事務総長から経過報告と準備会での「誓」の朗読があり、つづいて近衛総裁が挨拶をした。その中で近衛は次のようにのべた。

……申すまでもなく、今やわが国は、明治維新にも比すべき重大なる時局に直面して居ります。わが大政翼賛の運動こそは、古き自由放任の姿を捨てて新しき国家奉仕の態勢を整えんとするものであります。歴史は、今やわが国に対し重大なる時期の到来を告げつつあります。大政翼賛運動の将来は、真にわが国家の運命を決するものであり、しかも本運動の遂行は容易の業ではありません。われわれは前途に如何なる波瀾怒濤《はらんどとう》起るとも、必ずこれを乗り切って進んで行かねばならぬのであります。本運動の発足に当り、私はその推進的原動力となってこの難事業の完成に協力せられる役員諸君に、衷心より敬意を表するものであります。各位はこの重大なる使命達成のため、挺身《ていしん》これに当られ、大御心《おおみこころ》を安んじ奉り、忠誠の実を挙げられんことを切望してやまざる次第であります。最後に、大政翼賛運動綱領については、準備委員の会合においても数次、真剣なる論議が行われたことを承って居ります。しかしながら、本運動の綱領は、大政翼賛の臣道実践ということに尽きると信ぜられるのでありまして、このことをお誓い申上げるものであります。これ以外には

大政翼賛会発会式　首相官邸大ホールで挨拶する近衛首相（中央）。昭和15年10月12日（『日本百年の記録』3〈講談社、1961年〉より）

綱領も宣言もなしといい得るのであります。もし、この場合において、宣言綱領を私に表明すべしといわれるならば、それは「大政翼賛の臣道実践」ということであり、「上御一人に対し奉り、日夜それぞれの立場において奉公の誠をいたす」ということに尽きると存ずるのであります。かく考えて来て、本日は綱領、宣言を発表致《いた》さざることに私は決心致しました。このことをつけ加えて明確に申述べて置きます。

九時四五分に式は簡単に終了した。だが近衛の挨拶の最後の段落、綱領、宣言の放棄ともいうべき発言は「革新」派に大きなショックを与えたのである。有馬の日記によると、前日の一一日「夜十時近衛公を訪問。宣言文と挨拶と綱領を議したが遂に決定せず。明日は読まぬことになる」、そして当日朝「八時に首相官邸につき、昨夜の事を書記官長に話す。宣言綱領を出さぬ理由を首相より率直に述べらるる方返ってよろしとの意見にて、首相も了承」という経過であった。富田書記官長の回想（『敗戦日本の内側——近衛公の思い出』）もほぼ同様の記述で、当日一〇時になって官邸に来た近衛が富田にすぐ挨拶を書くように命じて、本来一〇時にはじまるのを少しのばして、富田が「総理の机の上にあったメモに五枚ばかり一気に書き上げた」のだという。富田によると「観念右翼の人からは賞められ」たというが、そうした解釈とともに、「本日は……発表致さざることに私は決心致しました」というのは、後日に発表という含みをもたせてあり、富田が「とにかく問題の起らないよう」に書いたという回想は当っているようである。

牧達夫も次のように回想している。

此《こ》の頃《ころ》近衛の身辺に寄せられた右翼及財界一部よりの猛烈なる反対にも拘《かかわ》らず新体制運動案の策定に参与した者達は軍部側を始めとして世論の大勢上かかる反対の策動を軽視するかたわら「今度という今度は」との言葉で表現された近衛の決意めいたものを最後迄《まで》信じて疑わなかったのである。……此の頃自分も連日の如《ごと》く井田盤楠《(ママ)》、岩田《いわた》愛之助《あいのすけ》、小林《こばやし》順《じゅん》一郎《いちろう》、太田《おおた》耕造《こうぞう》等より面談の強要を受け、激越なる口調を以《も》って既に立案された翼賛会のイデオロギーを否定するは勿論《もちろん》、ナチス独裁は我国体に相容れざる幕府の再現なりと指弾し時としては君達一派の思想の裏にはたとえ無意識にせよ「赤」の影響があるのではないかとさえ詰め寄られたのであった。特に井田、太田の両氏とも新体制準備委員であるに拘《かかわ》らず「国民よ直ちに〝新体制早わかり〟と云《い》う怪文書を破棄せよ」と怒号して振れまわる程、彼等の反対は狂信的な熱風を孕《はら》んでいたのである。

かかる首相官邸周辺に低迷する不連続線的な空気のうちに愈々《いよいよ》十月十二日の翼賛会発会式を迎えた。その両三日前我々補佐役によって起案された宣言文、近衛声明の案文が総理の手許に届けられ近衛亦《また》一応之れに諒諾の意を与えたのであるが、後刻側近筋の洩らすところによれば機微なる近衛の心境は十一日夜半（発会式の前夜）俄《にわ》かに急変、翼賛会の政治性を棄てて第二の精動たらしむる如《ごと》く秘かに決意した模様である。十二日朝来閣僚以下の全関係者は官邸の広間に集合し、昨夜の総理の心境変化は露《つゆ》知らず予定の宣言発表を粛として待っている。そこに現れた近衛総理の口から徐《おもむ》ろに発表された宣言と声明は多くの者の全く予期しなかった意表的内容のものであった。即《すなわ》ちそこに表明せられたものは「政治中核体」ではなく「一億一心万民翼賛」の単なる精神運動でしかない。……かねて翼賛会の新なる政治推進力に期待していた我等支持者は発会式未だ終らざるうちに早くも生れ出ずる翼賛会の政治的無力を直感すると共《とも》に幻滅に似た失望を以って唖然として等しく近衛の長身を冷く仰ぎ見るのみであった。

文中の『新体制早わかり』というのは、内閣情報部の『週報』第二〇八号・臨時号として一〇月七日に発行されたものである。「革新」派の主張が色濃く出ていたこと、総務会等の議をへなかったことから、「復古」派からはげしく批判されていたのである。

実践要綱試案

ともあれ、大政翼賛会は発足した。再び有馬日記をみていこう。一四日「前田氏と面会。議会局の人事を聞き……」とある。未だ議会局人事はまとまっていない。「小畑氏は、企画院をやめてでも来るという」。これは小畑の企画局長が最終的に決定されていなかったということらしい。一五日にも「太田氏に面会、政策局長の件につき了解を求む」とあり、政策局が当初から予定されていたのかどうかはっきりしないが、その局長人事がのこされていたことがわかる。またこの日「三輪、林、由谷氏等に会う。林氏の件、右翼の攻撃と警察の注意で取り止めになるらしい」とあり、林が誰かわからないが人事について警察から介入のあったことを示している。一七日「太田、小畑両氏と会見、二時迄《まで》相談。政策局を分離して政策局長に太田氏就任の事を決す」とあり、太田正孝の政策局長就任が決定したらしい。二四日有馬は「地方支部の事はとにかく設立迄漕《こ》ぎつけ、其上《そのうえ》の工作は其時にする。組織部の仕事につき後藤氏又ゴタゴタいう」と記している。前者は支部長問題をたな上げにしたままとにかく支部組織をすすめようということで、『翼賛国民運動史』によると、いつの段階か判然としないが「道府県支部に当分の間、支部長を置かず、総裁の指名または委嘱する支部常務委員（内一名を地方長官とする）をもって組織する支部常務委員会をして、その職務を代行させるとともに、支部常務委員会は地方長官たる常務委員に主宰させることとし」、組織部はこれを具体化するため全国を九ブロックに分け「各ブロックごとに一名の担当部員を置き、さらに道府県の担当部員を配して、各支部の組織促進と指導連絡とに当らせた」。その結果一一月中旬には全国の道府県全部から常務委員の推薦が終り、一二月には総裁から四七六名を正式に地方常務委員に委嘱するに至り、この月中には全国の道府県支部が結成され、次第に郡市区町村の支部の組織もすすめられつつあった。

有馬の日記にもどると、二九日に「中野君見え、経済の基本要項案を示さる。十一時事務所に行く。部長会議を開いて居た。次いで局長会議を開き、支部の問題は無事に済む」とある。要項案は次にのべる実践要項と関係があるものと思われる。また部長会議、局長会議といった内部の会議も開かれていることがわかる。

さて、三一日に首相官邸内内閣情報官室で部長会議が開かれ（『現代史資料44』）、松前総務部長、馬場元治総務副部長以下、部長、副部長が集った。ここで馬場元治副部長から大政翼賛会実践運動要綱試案が提出されている。さきにみたように、運動が綱領をもつことは否定されたが、中核組織としての翼賛会の綱領的なものの必要は一応容認されていたので、それを作成しようというのであった。この案は前文につづいて、東亜共栄体制、新政治体制、新経済体制、新労働体制、新教育体制、新文化体制、新生活体制、新婦人体制をあげ、それぞれに改革の目標をかかげている。例えば新政治体制で「自由主義を基調とし、対立的利益を代表する既成諸団体を解体し、統一ありて対立なき新政治体制を創設す」、新経済体制で「生産、配給、消費の各部門を統合し、一元的計画経済を確立す、其《そ》の為《ため》、産業全体組合を結成し経済最高会議を設置す」「重要産業の独占を排す」、新生活体制で「科学の生活化と生活の科学化を図る」といった類である。しかしこの会議では「各部も漸《ようや》く人員を充実しつつあるを以《もっ》て、関係各部よりそれぞれ試案を作成提出する事を約す」るにとどまった。一〇月三一日につづいて一一月二日部長会議が開かれ、ここで岸田国士《きしだくにお》文化部長、企画局経済組織部長武内文彬の両氏から試案が提出され、「各出席者ヨリ各種意見ノ開陳アリ、到底纏《まとま》ラザルヲ以《もっ》テ、将来小委員会ヲ設置シテ自由討議スル事ヲ申合セテ」いる。

要綱の修正案

実践要綱作成が進展する一方、有馬の日記には一〇月三一日に「改造の催しにて佐々木惣《ささきそう》一《いち》博士と対談する。翼賛会は憲法の精神に反するという強い意見あり」という記事がある。自由主義的な立場からの憲法違反論が提起されたわけだが、以後自由主義的な立場からの翼賛会批判も少くなく、後述の議会での鳩山派の批判の論理もこの延長線上にあった。このあと有馬は一一月九日以来の病気で日記をやめているが、やっと全快して日記を書きはじめた一一月一七日の日記に「右翼からの非難をあまりに総裁が気にするのが不快だ。私の為めに信認をしてもらいたい。併《しか》し、やるところ迄《まで》やる」と書いている。「復古」派や「現状維持」派からの翼賛会攻撃に近衛がたじろぎはじめたことが窺える。

一八日の常任総務会では前述の地方各県知事から推薦された五〇〇名の常務委員を決定、その後有馬は遊説にとびまわっている。二五日常任総務会があり、さきの小委員会がまとめた「実践要綱案」が提出された。記録によると「前文は東亜共栄体制に付修正意見を交え、次回送りとなり、翌日の常任参与会でもこのことが議されたが、「実践要綱は協力会議迄に発表せねばならぬが、もっと平易に簡潔なるものに作られたし」と要望が出されている。そして二八日の常任総務会に修正案が提出されたが、「字句の修正に止《とど》まらず構想に於《おい》ても未だ十分の修正の要ありとし、一、簡潔にす可《べ》き事、一、臣道実践を信仰的ならしむる事等の綜括的意見の開陳あり」ということで、事務局で練り直すことになった。以後、一二月四日の連絡官会議、八日の運動実践要綱小委員会、九日の常任総務会で協議が行なわれている。この九日、有馬は日記に「近衛公より電話あり、実践要綱につき注意あり。近頃は私への語気がいつも荒い。何か感情上のことがあるらしい。他人のチュウショウ〔中傷〕を聞かれるのだろう」と書いている。後述のように新体制派への反撃がはじまっていたのである。

しかし要綱の検討は依然すすめられ、一二月一〇日に開かれた常任総務も出席した実践要綱協議会には事務局案を要約した橋本欣五郎常任総務案が提出され、それにもとづいて太田政策局長のもとで作成しなおすことに決定し、翌一一日再開されたが、ここに井田磐楠常任総務案が提出され、太田局長案とともに翌日の常任総務会に提出されることとなった。井田案は会を「民間側ニ於《お》ケル臣道実践ノ推進力」と規定し、「苟《いやしく》モ当局ノ職域ヲ犯シ、或《あるい》ハ官民ノ対立ヲ醸サザルベシ」「皇軍ノ大ナル威信ト、統帥ノ独立トヲ尊重シ苟モ犯サザルベシ」とのべ改革の具体的方向を示さず、会の政治性を全面的に否定し、いわば会を政府の外廓団体と位置づけるものであった。

一二日に開かれた常任総務会では両案についての検討が行なわれ、事務局案を最後案とすることにしたが、井田の主張で井田案も一応提出されることとなった。翌一三日の総務会で事務局案が一部修正の上可決され、井田案は井田と同志の小林順一郎総務が賛成したのみで採用されなかった。そして一九日に至ってそれが近衛総裁によって決裁されるに至ったのである。

この審議と併行して、選挙制度の改正案や経済新体制案についての検討もすすめられた。一二月四日有馬はこの問題についての関係部局長会議に出席、翌五日、「正午に事務所に行き、午後二時迄《まで》経済新体制の原案につき相談をし、二時より常任総務会に出席……経済新体制の修正案を議題とし」、一二月七日には「経済新体制は今日発表さる。右翼と資本家との勢力復活は果して如何《いか》なる結果となるか」と日記に書いているのである。

経済新体制案とその反対者たち

すでに第二次近衛内閣成立とともに企画院は経済新体制に関する要綱草案の作成をはじめており（中村、原「経済新体制」『年報政治学一九七二・「近衛新体制」の研究』参照）、それは九月末までにはほぼ内容が確定されていた。この内容は少しずつ民間に伝えられていたが、九月初旬にその中心が「資本と経営の分離」論にあることが明らかになった段階で、財界からのつよい反撥が表面化するとともに、新体制全体の性格についての議論が広く展開されるきっかけとなった。企画院内で新体制関係の立案に当っていたのは秋永月三《あきながつきぞう》陸軍大佐を中心とする審議室であり、そのもとで美濃部洋次（商工官僚で岸信介の配下）、迫水久常《さこみずひさつね》（大蔵官僚）、毛里英於菟（企画院）、奥村喜和男《おくむらきわお》（逓信官僚）といった革新官僚の一団がこれを推進した。

九月一三日、九月二八日に作成された経済新体制確立要綱は明白に「資本と経営の分離」を打出したもので、戦時の圧力の下で、資本主義体制に大きな変革を加えようとするものであった。即ち、企業利潤の追求を第一義としてきた従来の自由主義的経済体制を脱却し、高度国防国家建設のための公共的経済原理を基調とする生産拡充を第一義としなければならない。各企業が最も国家利益に副《そ》うように経営されるためには、経営者を、利潤追求を根本目標とする考え方や資本家からの掣肘《せいちゅう》から脱却させ、国家奉仕の手腕を発揮しうるようにすることが必要であり、そのためには重要企業の経営者、さらには経済統制機関の指導者である民間人に公的資格を与えることが必要である。また国民経済が国家目的に従い計画的に且《か》つ最も合理的能率的に綜合的一体として運営されねばならぬが、そのためには国民経済組織＝国民生産協同体の確立が必要である。それは政府と密接な連絡をもつ公法人で、指導者原理による産業部門内の地方と中央を統制する経済団体、およびそれら全産業を全国的に統轄する強力な中央経済本部の確立でなければならない。またそれは中核体＝大政翼賛会と密接な関係をもつものとして位置づけられねばならない――おおよそこのようなものであった。

この案をめぐって各経済団体は反撥し、以後約三ヵ月間にわたってはげしい反対運動を展開した。一一月一〇日商工大臣小林一三《こばやしいちぞう》は丸の内工業クラブでの関西経済人との懇談会の席上企画院案をはげしく批判し、役人の中に「赤」がいると公然と非難した。これは財界の経済新体制案に対する反撥を反映したものであった。そして一一月一二日に開かれた経済閣僚懇談会に経済新体制確立要綱（すでに各方面からの反対で若干表現が緩和されて作成された一〇月二五日案）が附議されたが、前述のような財界の反対気運が反映して企画院案を行過ぎだとする意見が有力で、小林だけでなく、村田省蔵《むらたしょうぞう》逓相、小川郷太郎鉄相、金光庸夫厚相らもつよく反対した。一五日、二二日、二六日、二七日、二九日と懇談会はつづけられて、一二月一日にようやく経済閣僚懇談会の修正原案が決定したのであった。この修正案は単なる字句修正にとどまらず、相当根本的な部分にわたって前述の企画院原案の精神を変更し、財界の要望をとり入れたものであった。

これでも財界側は不満であり、一二月七日日本経済連盟会をはじめとする有力八団体連名の意見書を近衛首相に手交していた。こうした反対は財界に限られたものではなく、財界と関連の深い既成政党派の大部分ははっきりいわぬまでも反対であった。旧政友会の長老であった小川平吉も一一月二二日に近衛に経済新体制案反対を書き送っただけでなく、経済新体制反対の論客であった山本勝市とも相談し、政教社、黒龍会、愛国社などのいわゆる観念右翼と連携し、一二月一〇日には頭山満《とうやまみつる》、荒木貞夫、山本英輔、四王天延孝《しおうてんのぶたか》、小笠原長生《おがさわらながなり》、井田磐楠、鵜沢総明《うざわふさあき》らと連名で意見書を近衛に手交した。それは「官吏の計画経済は、共産党の信条と其《そ》の軌を一にするものにして、之《こ》れが徹底的遂行は国民の伝統的精神を破壊し経済生活を攪乱《かくらん》するものにして、露国の覆轍《ふくてつ》を踏むものなり」と主張し「政府各庁及び大政翼賛会中の社会主義者を罷免する事」を要求するものであった。

商工次官で新官僚の総帥といわれた岸信介はさきの小林大臣の「赤」発言に憤り、大臣にはげしくねじこみ、大臣と次官との対立は決定的となった。これは鮎川義介、高碕達之助《たかさきたつのすけ》らの仲介で一二月上旬に一応仲直りということになったが、その直後におこった企画院事件（企画院内の和田博雄、勝間田清一らの「革新」官僚が治安維持法違反で検挙された事件）で辞任を要求され、翌年次官を辞任している。この事件も経済新体制問題と関連していたのである。

近衛の動揺

一二月一日の経済新体制案は大政翼賛会常任総務会にも呈示され意見を求められた。有馬日記のさきの記述はそれであり、翼賛会は早速四日に不徹底であるとして再修正を要求する意見書を提出した。『翼賛国民運動史』が引用しているその要旨中最も重要と思われるのは次の点である。

経済新体制を確立するためには、現在における経済体制を部分的に修正するのみを以《もっ》ては到底その目的を達成すること能《あた》わず。物心両面よりする挙国体制の結成を可能ならしむが如《ごと》き内容、表現を内包する適切な案を示して、国民をして時局経済の重大性を周知せしめ、これをあるがままに把握せしめることが必要である。この要望を充足するためには綜合的計画経済の樹立、国防経済精神の確立、経済における指導者原理の確立、事業経営の公共性の確立、人的および物的の能率増進ならびに産業の合理化等の事項を包含提示することを絶対不可欠の要件とする。

六日の定例閣議席上で東条陸相からも再修正の要求が出された。この結果若干「革新」派よりの再修正が行なわれたが、一二月七日の経済閣僚懇談会で最終案が決定され、同日午後の臨時閣議で正式に閣議決定をみるに至った。「革新」派の側からはこれは敗北であり、有馬のいう財界と右翼の連携勢力の前に押し返されたのであった。

近衛がこうした抗争で動揺し軌道を修正しはじめたことの表現が、これよりさきの内閣改造であった。『木戸幸一日記』によると一一月二七日木戸は来訪した近衛と二時間ほど懇談した。木戸は「安井内相の辞意―無任所大臣の設置決定―平沼男起用、無任所相か内相か―内閣一部改造、安井、風見の勇退―等々」とその話の内容を項目書きのように記述している。これではよく意味がとれないが、少くもこの時期から近衛が観念右翼の総帥といわれていた平沼を無任所相に就任させようとしていたこと、そして安井内相とともに、新体制運動の中心人物の一人であった風見の更迭をも考えていたことを知りうるのである。一一月三〇日木戸は平沼が無任所大臣を受諾したことを聞いた。また一二月二日には近衛が木戸を内務大臣に起用したいと希望している旨が伝えられ、木戸はこれを断った。そして一二月四日平沼が無任所国務大臣に親任された。一一月二四日元老西園寺《さいおんじ》公望《きんもち》が死去し、原田はこの前後から記述をやめているので、具体的な経緯はわからない。

有馬も事前にはこれを知らされていなかったらしい。同日の日記に「平沼男無任所相となる。総理は何を考えて居るのか。翼賛会関係の事なら、具体的になった時に考えることにする」と記している。この無任所が翼賛会と関係があるという話がつたわっていたのであろう。近衛は二一日になってさらに安井に代えて平沼を内相に、風見に代えて陸軍皇道派の一人柳川平助を法相にすえた。有馬は日記に「もう駄目だ。こんなことをやっていれば此《この》内閣も駄目、従って日本の前途もあぶない」と記した。これは観念右翼の勝利であった。

この間一二月に臨時ではあったが最初の中央協力会議が開かれている。一二月一六日に開会されたこの会議には本部側から各役員全部と協力会議員として各界代表四八名道府県代表九四、六大都市代表一二、計一五四名が参加した。当時の恒例の儀式ののち近衛総裁、有馬事務総長、末次信正協力会議議長の挨拶があり、総会に移って、有馬事務総長の実践要綱の説明、後藤組織局長、松前総務部長、太田政策局長の所管事項についての説明のあと、会議員提出の議案審議に入った。

提出された議案は大政翼賛運動の指導に関する事項六件、翼賛運動促進に関する事項三三件、地方組織に関する事項一九件、行政機構ならびに法制に関する事項一二件、文化に関する事項六件であり、これらは第二日目にかけて説明、討論が行なわれた。ひきつづいて第一から第四までの委員会に分れて討議がつづけられ、最終日一七日に各委員長からの報告が行なわれた。最後に末次議長がその報告にもとづいて「統裁」を下し、全議案を中央協力会議の意見として採択に決定した。これらの議案は処理委員会に廻附、同委員会で審議の上、政府に要望すべきものは進言し、翼賛会自体がとり上げるべきものはただちに実践に移すこととして総会を終り、臨時中央協力会議の幕を閉じた。

第八章　大政翼賛運動の落日

翼賛会予算難行の背景

この頃から有馬の日記には会の予算問題がしばしば登場する。それはこの年暮に召集される帝国議会に提出する政府の一五年度追加予算案および一六年度予算案に翼賛会に対する補助金を計上するためであった。これまでの時点では一五年度に関しては、同じくこの議会で決せられるであろう追加予算をあてにして銀行から借金をして運営されていたのであった。一二月一二日の有馬日記には「予算の事中々むずかしく、書記官長に面会。とにかくあのまま大蔵省に廻してもらうことにして帰る」とあり、翌日近衛とこの問題で話している。さらに一五日にも「予算の件中々難関である。総裁が如何にとり扱ってくれるか。政治的に解決すればよいと思う。或《あるい》は責任問題となるかもしれぬ」と書き、一六日また近衛と相談、一六日「予算八百万円ときまるらしい。何でもきまっただけでやるべし」と書いている。そして一九日「首相官邸に行き、書記官長、大蔵次官等と予算の件につき相談。来年二月迄《まで》の予備金支出の件だけやや決定」。これは後藤隆之助の回想で、翼賛会批判のたかまりとともに銀行が金を貸さなくなった、とのべられているが、それに対応して予備金から支出することになったということであろうか。翌日の日記の記述では九三万円と決定している。『翼賛国民運動史』は、次年度の当初の予算は三七〇〇万円であったが、結局予算に計上されたのは一六年度八〇〇万円、一五年度六五万円であったとしている。そして後述のようにこの予算をめぐって議会でもめることになったのである。

こうした予算問題の難航の背後にはすでにのべたような翼賛会に対するはげしい批判が存在した。その一つは「復古」派＝日本主義派からのものであった。前述の臨時中央協力会議の席上入江《いりえ》種矩《たねのり》がはげしい議論を展開した。入江は日本主義派八十余団体を結集する国体擁護連合会の委員長であり、「復古」派の一方を代表する人物であった。彼は「大政翼賛会にたいする憲法問題に関する件」と題する議題を提出している。この中で入江は「大政翼賛会に関する違憲論を払拭せられたきこと」を提案し、それに関して発言して、「大政翼賛会は発会以来、高度の政治性をもたすということをしばしば言明したが、会内の幹部や全国民のうちには『政事結社の如《ごと》き姿勢にもって行きたい』と考えているものと、『政事結社に導くことはゆきすぎである。よろしく国体明徴《めいちょう》、臣道実践の一本に進むべきである』と主張するものとがあると説き、かくのごとく大政翼賛会の性格がいまだ分明でないところから、違憲論や違法論が紛々としておこるのである」とし、違憲論を払拭すべしと主張した。入江の論はむろん違憲論であった。そしてさらに入江は「政府が法的根拠をもたぬ大政翼賛会に補助金を与えることは、法規上よろしいのか、支障があればただちに法規の制定をしてはどうか。費用の点でも間違いないように」とつけ加えていたのである（『翼賛国民運動史』）。

この議論は翌一六年一月二一日に再開された第七十六帝国議会でくり返された。一切の政党が解消し、全議員が議員倶楽部に所属するというかつてない状況の下で開かれたこの議会は、近衛首相および陸海外三相の演説後、政府は秘密会において緊迫する国際情勢と政府のこれに対する方針を説明し、政府は重要法案のみをしぼって提出、議会側も審議を急いで三月一日議了、会期を二〇日以上のこして自然休会に入るというまさに翼賛議会であった。しかし、大政翼賛会に対するはげしい非難攻撃のみは予算総会等で行なわれ、貴衆両院を通じて四〇人以上の議員がこの問題について発言した。

翼賛会違憲論のたかまり

この中で最もはげしい反翼賛会論を展開したのは鳩山グループであった。前年の斎藤問題で斎藤支持にまわったグループは多く翼賛会に対する反対派となった。鳩山は一五年一一月一日「近衛時代に於《お》ける政府の施設凡《すべ》てコミンテルンのテーゼに基く、寔《まこと》に怖るべし。一身を犠牲として御奉公すべき時機の近づくを痛感す」とその日記に記し、一六年一月五日には「従来の政党に対する近衛公爵の認識を問う。大政翼賛運動並に其《そ》の中核を為す大政翼賛会は憲法の条章を紊《みだ》し、憲法の精神を蹂躙《じゅうりん》するものなりと信ず、政府の所見如何の二質問を十六ペイジ」「尾崎咢堂《おざきがくどう》翁の政府に対する質問に資せんとして」書いたと記している。これは「時局ノ変遷ト政府ノ指導ニ関スル質問主意書」として二月一五日付で尾崎によって提出されたが、議場での質問は許されなかった。この質問主意書は第一に「政府ハ大政翼賛会ナルモノヲ設ケ、……之《これ》ヲ政府ト表裏一体ノ機関ナリト称シテ、巨額ノ国費ヲ支給シ、……恰《あたか》モ……法律的規準ノ外ニ在ルモノノ如《ごと》ク称セラルルガ、……帝国に存立スル総テノ団体機関ハ、悉《ことごと》ク憲法上、法律上、又ハ勅令上何等カノ規制ヲ受ケ、根拠ヲ有シテ居ル。……現在ノ大政翼賛会ハ、役所デモナク、商社デモナク、又政治結社デモナク、サナガラ国家組織ノ外ニ浮遊スル非国民的存在ノ如ク思ワル」るが、そうでないとする理由は何であるか。第二に「大政翼賛会ノ直チニ解消セラレンコトヲ希望スル」が、一歩を譲っても「〔明治〕大帝ガ帝国議会ヲ以《もっ》テ、上意下達、下情上通ノ最高機関ト見ソナワシ、帝国議会ヲシテ、大政翼賛ノ実ヲ挙ゲシメント御軫念《ごしんねん》アラセラレタルコトハ、憲法ト共《とも》ニ公布シ給エル御告文ニ因《よ》テ、明瞭デアル、……卑近ナ例デ申セバ、帝国議会ハ、正統ノ嫡子デアル、所謂《いわゆる》大政翼賛会ハ、庶子デアロウ、……今日ノ実情ニ於《おい》テハ、所謂大政翼賛会ヲ以テ、帝国議会ノ事ニ関与シ、之《これ》ヲ指導シ、之ヲ左右セントスルカノ慊《きら》イガアル、……近衛首相ハ両者ノ嫡庶公私ノ別ハ、極メテ厳明デアルニモ拘《かかわ》ラズ、断ジテソノ患イナシトセラルルカ」という点であり、その他ナチスやスターリンの独裁執権者制および社会主義、共和主義批判、さらには日本をとりまく国際関係の悪化についての危懼《きぐ》（親英米反独ソのニュアンスがある）についての意見陳述的質問を展開している。これについて政府は抽象的なブッキラボウの文書回答を与えたにとどまった。

尾崎―鳩山らの翼賛会に対する真向からの批判だけでなく、様々な批判が展開されたが、根本的には、大政翼賛会が「一国一党」的な存在になり、議会をも含めてその影響力を行使するのではないかという危懼《きぐ》に発するものであった。二月六日の貴族院における岩田宙造《いわたちゅうぞう》による違憲論もこれまたはげしいものであり、『翼賛国民運動史』がその大要として紹介しているものからさらにその要点を紹介しておこう。

岩田は次のように質問した。――「実質上国家に大変革を与えようという大運動が、何等法律に根拠することなく、単純な民間の事実行為として行われむとすることは、どうしても私どもの常識からいって許されないことと考える。況《いわ》んや、現在行われている憲法政治の根本は、決してかくの如《ごと》き行為を認容するものではないと確信する。統治を行う機関いわゆる政治を行う権限もその行使の方法も、すべて憲法の規定によってのみ行うことが憲法政治の根本原則であると信ずる。憲法の認めない統治の機関や政治の運営は絶対に憲法の容認せざるところである。大政翼賛会は、何等法令に基くところがない。しかも、国民の組織を根底から覆してこれを新にするような仕事を目標として起った大組織が、憲法や法令に全然無関係のものであるとして許されるものであるということは、どうしても私どもの了解できないところである」。

これに対し近衛は「法律上の翼賛の外に、臣民自らが一心に職分奉公して大御心《おおみこころ》に帰一し奉り、いわゆる臣道実践の実を挙げる運動が起り、この運動の推進中核体として大政翼賛会というが如《ごと》きものを作ることは憲法の精神に従うものである。またこの憲法の精神を拡充し発展するものと思う」と回答したが、岩田はさらに、「大政翼賛会の活動は事実上強力な政治的なものである。政策局、企画局なども、臨時中央協力会議にて政策、企画両局長の説明によれば、決して単純なる伝達機関ではない。そこで立派に政策を研究し、計画を樹立して政府の政策研究に協力することになっている。現在の組織、機構からいえば、政治力、政治性が当然これに附随していると考える」といい、近衛は「私はどこまでも政府が主であって翼賛会は従である。政策を樹てる者はすなわち政府であり、翼賛会はこれに協力してゆく従的のものであると考える。実は翼賛会成立当時、一つの強力なる政治力を結合してこれが一つの政策を樹て、これが政府を指導して引張ってゆくといったような、ドイツやイタリーに見るが如《ごと》き考えをしている人もあったようである。しかし、私ははじめからその考え方に逆なのである。この点、最初の新体制準備委員会における声明においても、そういうことになればいわゆる一国一党となる。これはわが国体に照し、また憲法政治の本当の正しい運用から申しても、ゆゆしいことであると特に申しのべている。ところが、翼賛会が発足してもやはり一部にそういう考えが残っていて、翼賛会が何か政策を樹てて政府を引っ張ってゆくという風な考え方をしている人もあった」と答弁した。

近衛の答弁は従来近衛がくり返し高調してきた「高度の政治性」をほぼ否定したとみられるものであった。前年末の内閣改造が示すように、すでに近衛は実際上後退しはじめていたが、その後退をはっきりと表面化させたものであった。岩田はこの答弁によって「私どもの心配の大半は解消する」としたが、さらに「現在のような機構組織で、しかもこれに相当の資力でも加わることになれば総裁がどう考えても、総裁の意見に反してもさきにのべたようになる危険が多分にある」として、機構の縮小改革の必要を説いた。これに対し、近衛は「適当な組織の改革を行ってその目的、使命にそうように努力したいと考える」と約束したのである。

翼賛会側の防衛

ところで前年来の翼賛会攻撃に対し、翼賛会側も年頭から防衛にかかっていた。昭和一六年一月六日の有馬日記は常任総務会で予算を審議したこと、夕方近衛を訪問した事実のみが記されているが、『翼賛国民運動史』は、この日の常任総務会で全員一致で次のような申合せを行ない、有馬がこれを近衛総裁に報告して了解を求めたことを記している。

政府と大政翼賛会とは、表裏一体の関係をなすものであり、翼賛会としては、政府の単なる補助的下働き機関となることは、現在の行政機構を徒《いたず》らに複雑化するのみで、厳に警戒すべきである。会としてはあくまで創立の趣旨に鑑《かんが》み、高度の政治性をもって今後の組織活動の方向を決定すべきである。翼賛会本来の趣旨、性格が当面の派生的政治問題によって歪曲されるようなことは、断乎として排撃しなくてはならぬ。あくまでも、国民運動として強力に推進していくことが絶対に必要である。最近、翼賛会の政治的性格に関して種々の論議が行われ、その結果、官界の一部には、会にたいし協力を吝《おし》むかの如《ごと》き傾向が現われ、政府もまたこれを知らぬ顔をしているのは、まことに遺憾である。これは現在の政治の様相の複雑さを反映しているものともいえるが、翼賛会としては官界刷新の主張を通じ、かつ会自身が模範的組織を作って範を示さねばならぬ。会発足当時の趣旨に則り、強力な政治力を顕現するためには、この際、具体的な実践方策ならびに事業計画自体を通じてのみこれを獲得すべきである。

有馬は一月一二日の日記に「農村や学校やあらゆるところへデマを飛ばしてヒキョウだ。僕を傷けて革新運動を阻止せんとする現状維持勢力の策をにくむ」と書きつけている。有馬は日記に記していないが、翌一三日の常任総務会は「翼賛会としてはかかる政治力の結集を阻害する政治的策動、ないしためにせんとする流言を断乎爆撃し、あくまで発足当初の方針に基き、国民政治の凝集に邁進しなければならぬ。これがためには、積極的に悪質のデマと現状維持的策動を一掃し、高度の政治力を発揚し高度の実践力を発揮するよう本会の組織、運営に当るべきである」との結論に到着したという（『翼賛国民運動史』）。

有馬は一月一八日近衛に会って、近衛が「議会の質問を気にしている」と記しており、二〇日の総務会では「対米声明の事と推進班の事を決し」たと記している。前者は対米危機の切迫（一月九日、近衛は有馬に「米国との関係悪化し、四月頃危険」とのべた）に対応し、対米戦争にそなえる国民運動を中心に組織化していくということであり、後者は前述の推進員の組織化を中心に地方組織を固めていくということで、いずれも現状維持派の攻勢に対する実質的な反撃を試みようとするものであった。

前述のように前年一二月に全国の都道府県支部が結成され、つづいてそれ以下の支部も組織化されつつあった。こうした状況を背景に本部は「各地方支部の役職員を中核として部落会、町内会の地域と各職域にいたるまで本会の組織網を拡大強化し、普《ひろ》く有為の人材を発見、簡抜、錬成し、もって本運動の推進力たらしめ、強度の政治力と旺盛なる実践力とを付与する」という組織の根本方針を明らかにしていたが、具体的に支部事務局の委員または嘱託として国民組織的性格を有する各職能団体の役職員中適当なものを参加させること、「各部落会、町内会等の地域または職域において、真摯なる職域奉公を実践しつつある士にして、本運動に挺身邁進せんとするものを簡抜し、これを推進員として銓衡《せんこう》委嘱し、各職分職域において先達者として本運動に挺身させること」などをあげた。さらに事務総長を委員長とし、全国を九ブロックに分け各地区組織班をおき、一月から現地に駐在して地方組織の拡大強化に当った。彼らは「指導しつつ組織し、組織しつつ指導する」方策をすすめ、二月には郡支部は五〇二、市支部は一七五、区支部は八二、町村支部は一万三二二に達した。これらの活動の中心になったのは推進員であったという。

一月二三日常任総務会があり、有馬日記によると「陸軍々務局長と鈴木興亜院長官列席、興亜団体に関する協議をし、次いで官界新体制の問題を協議」しているが、以後も常任総務会で種々な問題が討議された。一方一月二六日にはまた「翼賛会の政治性や予算の問題もこれから未だもめるだろう」と記し、一月二七日には「予算が出なかった時は一同の決心を促し、それを機会に内部の結束を固め、真剣なる運動を展開する端緒を作る」、ついで一月二八日「松前氏の報告によると梶井氏の話によれば、小倉正恒氏の口より財閥の間で翼賛会を倒す計画ある由。金は断じて貸さぬとの事。遂に一戦やるときが来ると思う」、そして一月三〇日の総務会で有馬は「終りに性格に関する私見を披れき」した。有馬は彼のいう「現状維持」勢力との対決の決意を固めていたのである。

恐らくこの「私見」のことであろうが、翌三一日「本部に行き昨日の声明書の件明日迄延す事にした後に、豊福から今度総理の声明の時これを使う故《ゆえ》新聞に発表せぬ様にとの註文あり」、そして二月一日には「声明発表を又総理より止めらる」とあって、結局これは日の目を見なかったようである。翌日有馬は「総理に面会を申込みたるも返事なし。多分不快に思っているのであろう」と書いているが、近衛との間は悪化していた。二月六日には有馬は人に向って「翼賛会の性格とは近衛公の性格問題だ」とまで話しているのである。

予算の衆議院通過

二月七日有馬は「予算は八百万円にきまったとの話。総理の処置に不満足ではあるが、それならそれで決心して何でもやる。皆覚悟をきめて進む。そのかわり已成《きせい》勢力には絶対に迎合せぬ」と書き記している。一四日緊急常任総務会では「予算の事は何も触れぬ事に相談。内閣の作った予算に会が将来実行の場合に拘束されぬ様交渉しおくとの程度であった。副部長有志の申合せを聞いたが外部への発表は中止することに」した。副部長有志の申合せは会の根本的性格に関わるものであったろう。翌日有馬は彼らと昼食を共にしながら話し合い、一六日「予算の事も改組の事も決して悪くはならぬとは思うが、必ずしも楽観を許さぬ」と書いた。近衛に対して半信半疑の状態である。改組についても必ずしも翼賛会骨抜きの方向とだけ考えているわけではない。

二月一八日になって有馬は「首相もとうとう今週中議会に出ず、翼賛会の予算は内相が代って答弁するらしい。これから議会が無事に通過しても政府との関係もあり、改組問題をめぐって相当むずかしい事だろう。悲観もせぬが楽観もせぬ。唯自分の進む方向さえ誤らねばよいのだ」と記した。二一日には「翼賛会の予算大分もめる。否決してみろ、そしたら運動がどんなになるか。議員の人達は何を血迷って居るのか」と激昂している。

二月二二日鳩山グループの川崎克《かわさきかつ》らから「昭和十五年度歳入歳出総予算追加案ニ対スル修正案」「昭和十六年度歳入歳出総予算追加案ニ対スル修正案」が提出上程された。いずれも大政翼賛会補助を、前者は六五万円を二五万円に、後者は八〇〇万円を三〇〇万円に減額しようとするものであった。川崎の趣旨弁明によると、政府のいうように「改組ヲ致スコトニ致シマスレバ、即《すなわ》チ公事結社デアレバ、屢々《しばしば》政府ガ明言ヲ致シテ居リマス如《ごと》ク、独立ノ政策ヲ立テナイノデアル、独立ノ企画ヲ持タナイノデアル、ソレナラバ政策局、企画局ト云《い》ウヨウナモノハ、全ク必要ノナイモノデ」あるという論拠で大幅な削減を図ろうとするものであった。

なお川崎はその趣旨弁明の中で次のようにのべている。

……世ニ動《やや》モスレバ不敬ノ言ヲナス者ガアリマシテ、憲法ハ改正出来ルト云《い》ウヨウナコトヲ言ウ者ガアリマス。是《これ》ハ大変ナ考エ違イデアリマシテ、憲法ハ之《これ》ヲ改正ノ必要ヲ御感ジニナッタ場合ハ、「朕及朕ガ継統ノ子孫ハ発議ノ権ヲ執リ」ト仰《おお》セラレマシテ吾等臣民ハ憲法ノ改正ノコトヲ口ニスベキデナイト思ウテ居ルノニ、軽々シク斯様《かよう》ナ言葉ガ発セラレルコトハ、我ガ国体ノ為ニ私ハ甚《はなは》ダ遺憾ヲ感ジテ居ルノデアリマス（拍手）……

また、

大体ニ於《おい》テ其《そ》〔大政翼賛会〕ノ機構ヲ細カニ見テ参リマスト「ドイツ」ノ「ナチス」ノ機構ニ倣《なら》ッタ所モアリ（拍手）又共産「ロシヤ」ノ機構ニ倣ッタ所モアリ、其《そ》ノ混血児的出現デアルカノヨウナ感ジガサレルノデアリマス、ソウ云《い》ウ機構ノ上ニ打立テラレテ居ルカノ如《ごと》キ感ヲ持ツコトハ、政府ノ外ニ政府ガアッテ、ソウシテ其ノ政府ノ外ニアル政府ニ指令権ヲ持ツカノ如キ機構ニナッテ居リマスコトハ全体ノ条文ナリ、主張ナリヲ御覧ニナッタナラバ明カニ分ルノデアル……

といい、翼賛会の全体主義的な方向性をはげしく批判した。

ところでこの修正案は一括して採決されることになり、まず記名投票を可とするか否かが採決され、その結果二五九対五四で記名投票を可とするに決し、ついで修正案の採決が行なわれ、同じく五四対二五九で否決されるに至った。議会内での大政翼賛会に対する批判はかなりつよかったが、大政翼賛会を当初から敵視したこのグループの提案は、既に行なわれた予算減額、改組の約束で一応満足した大勢を動かすことが出来なかった。この提案には川崎克、一宮房治郎《いちのみやふさじろう》ら旧民政党二四、鳩山一郎、植原悦二《うえはらえつじ》郎《ろう》、芦田均、安藤正純《あんどうまさずみ》ら旧政友会久原派二〇、片山哲《かたやまてつ》ら旧社大党三、旧第一議員倶楽部三、旧時局同志会三、旧政友会中島派、金光派各一が賛成投票を行なった。彼らの中心部分三五名は同年一一月に同交会を結成し、戦時下の議会内少数派を形成していく。

予算がやっと衆院を通過したあと二月二四日有馬は近衛を訪問、日記によれば「予算の件は改組の上会で建て政府と協議すること、改組は性格不変の原則の下に強化の意味に於《おい》て行うこと、議員を入れることは旧勢力復活にならざる程度に於て、国民の希望を損せぬ様にすること。議会局、議員倶の問題が残る」というのが話の内容であった。有馬は性格不変のままむしろ組織の強化という意味で改組を主張し、恐らく近衛も敢て否定はしなかったに違いない。

改組問題と中野正剛の辞任

この段階で改組問題が焦点となった。『翼賛国民運動史』によると、日時を明示していないが、旧政友、民政の二大勢力は速かに改組を行なうことを迫り、大要次のような共同提案を近衛首相に提示したという。

一、大政翼賛会の名称を改める。

一、公事結社としての性格を明確ならしめるために、その機構を行政翼賛組織体とし、総務は委員会を分担し、その下に各事務局を置き、決定事項を実践遂行せしめる。

一、事務局を簡単かつ行動に敏活なる組織に調整する。

一、調査会を設置し主要問題の調査立案に当らしめる。
一、現在の中央協力会議を廃して、全国支部長大会を毎年一回開く。
一、議会局を廃して両院議員より成る政府、議会、翼賛会の連絡機関を考慮する。

しかも、この共同提案にもとづいて、（イ）現総務を全部解任し、（ロ）両院議員中より革新分子を総務に選任してその推進力たらしめ、（ハ）会内の現局部の全部的改組廃合を行い、（ニ）地方組織の中心に代議士および地方議員を入れること等を強調した。

この提議は、大政翼賛会の「革新」性を支えている事務局を徹底的に縮小し、総務を中心とした運営に変更し、しかもその総務等のポストを議会人に引渡すことを要求したものであった。

有馬は二月二五日、永井柳太郎、後藤隆之助常任総務と、二八日には風見、古野伊之助と改組問題について話し合った。「風見君の意見やはり議会に相当重きをおいている点遺憾である」と有馬は記しているが、会内にも議会との妥協を考える意見もないわけではなかったらしい。

三月一日に山浦貫一が有馬を訪問し、「近衛さんに、有馬さんが強いといったなら軍が支援しているからだろうといわれた」と告げた。つまり有馬が強力な主張をしているのは軍がうしろにいるからだと近衛が言ったというわけである。しかし有馬は、「私は軍の背景など気にした事はない」と記している。むろん軍は翼賛会を支援しており、東条陸相は二月八日にも貴族院本会議で「翼賛会の目的とするところは軍の信条と合致する。故にこれを支持する」と言明していた。三月四日宝亭で総務二五名が集り改組問題について懇談、「総裁に出席を乞うて話をきくか、私が総裁の意見をきいて再度開くこと」に決している。

同日中野正剛《なかのせいごう》が来て「常務を罷《や》める」と言い、有馬は「止める理由もないので心任せにする」と書いている。最も尖鋭だった中野は改組の約束を不満としており、もはや翼賛会に期待することは出来ないと考えての行動であった。

中野は三月七日常任総務を辞任して翼賛会を脱退すると共に政治結社東方会を復活した。中野は次のような「大政翼賛会を去るの辞」を発表した。

大政翼賛会の高度政治性を後退せしめて、専《もっぱ》ら官意民達の政府補助機関となすに決したることは、議会に於《お》ける国務大臣の言説によりて明白となった。抑々《そもそも》大政翼賛会の創立計画は、近衛公在野当時の腹案を骨子とし、積極的国難打開の一途に猛進すべく、同志団体の結成を目標として出発したものである。然《しか》るに中途にして組閣の大命を拝したる近衛公は、首相として現有勢力の均衡の上に立たざる可《べ》からざる境遇となり、最も謹慎なる心事の下に、所謂《いわゆる》軍官民一致の大政翼賛会を統率するに至ったのである。其《そ》の結果大政翼賛会は、認識と傾向とを異にせる構成員の間に、最大公約数を以《も》って一致的主張を見出さざるを得ず、必然の結果公武合体的便宜主義に堕して政治的威力を喪失し、遂に議会勢力の一部を前衛とせる現状維持派の逆攻勢に乗ぜらるるに至ったのである。……大政翼賛会は新しき性格を決定して、非常時に奉公するの職責を有するであろうが、自分は行政に先行すべき政治指導力の育成に関し、別個の立場にありて君国に奉公するの責任を痛感するものである。

雲行きあわただしい政界

この間にも地方組織の拡大は着々と進行しており、三月七日有馬は各地方組織班の班長の報告をきき、翌日には班長の招待会を開いた。七日の日記には「平沼派の進出相当あり」と記し、八日には近衛を訪問し、改組問題について会談、一二日局部長会議で「改組問題について協議したるも、根本論に終始す」、一三日には常任総務会、「改組問題をとり上げたが、結局根本論が多かった。政府の翼賛会への認識の再認が問題だ」。いずれにしても結論は出ていない。

一四日有馬は「内閣改造の声しきりに伝る。翼賛会の改組問題もあり、政界の雲行きあわただしきものあり。国家の将来を気づかう」と記している。三月五日付の海軍省の情報によると、牧達夫陸軍省内政班長は「本日総理ハ平沼内相ト会ウ由《ごと》ナリ。改造モ小林商相、星野総裁ヲ入レ替エタリトテ内閣ノ性格ハ変ラズ、現在ノ如ク平沼内相、柳川法相ヲ包容シアリテハ両頭トナリテハッキリセズ、寧《むし》ロ商相ガ止メザル場合之《これ》ヲ理由トシ内閣総辞職シ近衛公ニ大命再降下ヲ頂クコトトシ、陸、海、外三相居残リ他ヲ更迭スル方法ヲ適策トスル様ニ思ウ」とのべたという。

前述のように経済新体制案が骨抜きになって結着したあと、平沼内相の下で摘発された企画院事件をきっかけに岸商工次官のくびを切った（一五年一二月二八日辞表呈出）小林商相は、議会で「革新」派小山亮の暴露的攻撃に立往生するに至った。この背後には岸ありといわれたが、岸の獄中手記によると小山の攻撃材料は「専《もっぱ》ら憲兵隊の調書に拠《よ》ったものであった」という。これも「革新」派の捲返しであり、その結果小林の進退問題が表面化したのである。他方星野直樹《ほしのなおき》企画院総裁も、商工大臣とともに経済閣僚の強化の一環として更迭を予定されていた。これには経済新体制問題もからんでいたことと思われる。

三月一七日総務会が開かれ、有馬は日記に「推進員の誓の案を議す。橋本氏より翼賛大学設立に関する意見あり」と記している。推進員の獲得は進捗し、三月二五日には福岡市において二千人の推進員結成式が行なわれ、各道府県においても結成されつつあった。一町村五名内外、合計五万にのぼる推進員が配置されつつあった。この福岡の大会に出席した後藤隆之助は、

……近衛公の腰は全く挫けてしまったので、僕はがっかりして最早これ迄《まで》だと覚悟し、う

つぷん晴しに九州福岡と熊本の大会に参りました。楠公が湊川に向う時の覚悟で先《ま》ず福岡に参りましたところ、本間知事に対して内務省から福岡、佐賀、長崎、大分四県の会合は中止せよとの指令が来ておりましたが、知事は内務省の指令に対し、これは最も国家の為になる事と信じておりますから、仮令《たとい》首になっても今日の大会は敢行する覚悟ですと云《い》って……、大会を敢行致しました。知事と僕が先頭に立って三千の同志が福岡市内を体〔隊〕伍粛々《しゅくしゅく》ゾクゾクと云《い》う足音を耳にしながら行進した時は僕は感激の情胸に迫り黎明近しと感じたのでありました。

それから熊本に参りましたところ、同様内務省から大会中止の指令が来ておりましたが知事は左様な指令に対してふり向きもせず一切覚悟の上にて大雨にうたれながら大会を敢行したのでありますが、若《も》し僕に半年の期間を与えてくれれば全国組織を作ってしまう事も出来ると内心思って帰途につきました……。（『後藤隆之助氏談話速記録』）

と回想する。

この日決定された推進の誓の末尾は次のようなものであった。

一、われ等は、皇国に生き皇国に死す。

一、われ等は、正しく自らを律し、進んで統制に服す。

一、われ等は、道義を重んじ、科学を愛す。
一、われ等は、勤労を尊び、職域に奉公す。
一、われ等は、必勝の信念を堅持し、新体制の確立に邁進す。

三月一七日はまた山浦貫一が有馬を訪問している。有馬日記には「風見氏と話した事を告げ、無任所相の問題を出す。翼賛会の方が其《その》ままなら考えてもよい」とある。内閣改造と関連して有馬を入閣させるという問題なのであろう。

改組のための総辞職

以後数日間有馬日記には体調もよくないためか翼賛会の記事がない。しかしこの間改組問題をめぐって、会内での改組反対の動きもはげしかった。三月二一日には、関東班組織庶務部長会議が地方支部有志によびかけた結果、一府二四県各支部の組織、庶務両部長等四十余名が東京の九段会館に集り、「全国地方支部有志協議会」を結成、改組反対を決議、この会合を「大政翼賛会地方支部局部長会議」に拡大強化する申合せを行なっている。決議は、

一、われ等は、翼賛運動にたいする現状維持的諸勢力の執拗なる妨害の断乎たる克服を期す。

二、われ等は、中央が翼賛運動にたいする万民の声なき真の声に聴かんことを要望す。
三、われ等は、本部が発展的に純化せらるることに満腔の敬意を表するも、その理念方向に関しては断じて初一念を貫かれんことを要請す。
四、われ等は、政治性なき翼賛運動を考うること能《あた》わず、精動を超えて更に物心一如の国家体制を確立し、もって光輝ある世界の道義的指導者たらんとする信念不退転なり。
五、われ等が皇国に生き皇国に死するの誓願渝《かわ》るべからず、必勝の信念を堅持し新体制の確立に邁進す。

というもので、代表者は近衛邸に行って申入れ、近衛も「国民を失望せしめ、これを裏切るような改組は決してしない」と答えている。

他方軍においても二四日、武藤章、岡敬純《おかたかずみ》陸海両軍務局長が近衛総裁を訪問、『翼賛国民運動史』によると、大要「陸海軍としては、大政翼賛会の健全なる育成発展をもって、高度国防国家完成の絶対的支持条件であるとの観点から、また同運動の出発当時から今日に至るまで、終始不動の方針と態度とをもってその発展に協力し来たった関係から、今回の改組に当っても、本質において一歩、二歩の後退をもたらすような改組が行われることを警戒し、あくまで発展的改組たるべきことを希望する」と申入れた。

この日有馬は「今日も総理に面会出来ず。改組の事は楽観している」が、その翌日近衛と面会し、「改組は大体よろしき方向に向って居る様なれど、全員辞表を出せとの事。一応承りおき、二、三日中に返事することに約して帰る」と記している。どのように「よろしき方向」に向っているのか判然としないが、『翼賛国民運動史』は、近衛は、副総裁を設け、これに法相柳川平助をあて、かつ改組を容易にするため局長以下全職員の辞表のとりまとめを要請した、と記している。近衛が議会勢力的ないし「復古」派的路線を採用したことは明らかであった。有馬はかつての闘志を失い、なげやりになっていたのであろうか。

翌二六日の有馬日記は「夕方局長、部長、副部長を集め辞表提出の事情を説明、同意を求めた。別段異議もなく全部承諾した。私の辞表は明日提出、他は今後の成行を見た上の事とする」と記している。有馬がその決意である以上全員がそれに殉ずる決意であったのだろう。次の二七日には、有馬は「常任総務会に出席、総辞職の経緯につき説明。常任総務も一同辞表を提出」し、そのあと局部長会議に出席している。『翼賛国民運動史』によると、既に前日、局長、部長、副部長は一斉に辞表を出しており、この日彼らは会議を開いて、「われ等は、大政翼賛運動の国家的重大使命とわれ等の政治的責任とに鑑《かんが》み、翼賛会の性格がいささかたりとも歪曲されることに絶対反対す」と申合せ、声明を発表した。

さらに副部長より下の職員も局長などに殉じて辞表を提出したが、このような総辞職が、近衛を動かしたものへの抗議の意志表明であったとしても、それはもはやほとんど効果をもたぬものであった。翌二八日総務会を開いているが、ここで「葛生、井田、小林の三氏は時期を待つべしとの意見なりしも」結局全員辞表を書いている。〝復古〟派の三人が躊躇《ちゅうちょ》したのは総辞職が近衛に対する〝あてつけ〟のような意味をもちかけていたからであろうか。この日有馬はまた「軍より局部長の辞表提出を見合せよとの申入れありしも職員懇談会を不穏なるが如《ごと》く見られるに至りしより可成《なるべく》速《すみやか》に提出することにしたい」と書いている。

二九日に至って本部三階会議室で解散式が行なわれたのだが、これにはさきに記した後藤隆之助組織局長も出席した。彼は「広島で辞表を提出せよとの電報を受取りましたので愛媛行を中止して帰京した」のであった。有馬はこの日の日記に「私は涙も出ぬ程の気持ちだ。後藤隆之助の顔を見た時だけ不思議に涙が出た。好意を持たずに来た事が悔まれたのか、何かしらぬが胸迫るものがあった」と書いた。後藤も「有馬さんと僕とは感情的に疎隔しておりましたので、……沢村克人君の忠告にもとづき藺相如《りんしょうじょ》と廉頗《れんぱ》の故事を想起し己れを殺して事務局全体が有馬事務総長を中心として一心同体この運動に挺身する様にしたいと申し出たのであるが容れられず、遂に僕が有馬事務総長に対し事務局を代表し決別の辞を述ぶる事となりました事は感慨無量でありました。僕の送別の辞をきいて有馬さんもホロリとされたとの事であったが、これで総《すべ》て終ったのでありました。続いて我々も解職され六ケ月で翼賛会を去ったのであります」と回想している。

同じころやはり地方組織で活躍していた大塚忠実も次のように回想する。

私はその頃は末輩でしたが、中枢のことは知りませんけれども、……いよいよ組織を作るぞという時に、推進員カンパというのをやった。各県から大体二〇〇〇名ぐらい優秀な人材を集めて来いと言われまして、その際われわれは推進員カンパというのを一県一人で担当したのです。私は当時奈良県を担当して、四ヵ月ぐらい奈良県に行きました。その出発の際に、東京会館に、行くやつばかり集めまして、たしかにその時の言葉は「新党を作る」と言ったのです。で、「いろいろと妨害があるかも知れんけれどもお前たちの骨身は必ず拾うからカンパして来い」と、そういうことでした、趣旨は。そして運動資金も相当潤沢なものを持って行った、当時の金にしては。それで、行ってその時私は奈良県の三分の二の町村を歩いたのです。そして青年を寄せて、夜は座談会をやるし、それからもっと大勢の者を集めて閲兵みたいなものやったり、そういうことをやったのですが、毎日やったのです。その頃県の課の中に振興課というのがあったのですが、それがそういう者との連絡機関であったのですが、非常に当初は協調的でした。それが終盤に及ぶにしたがって、本部のほうはグラグラして変っていくわけですね。いよいよ有馬さんが辞められるという時期になりますとね、いままで協調していた振興課の課長あたりは知事と相談して妙な圧迫を加えるのですね。その一つの例としては、その時和歌山を担当していたのが、あとで日教組の講師団になる海後勝雄君なのです。海後勝雄君が和歌山の若い者を集めてその結果が、「県庁を襲撃しようじゃないか」ということになった。今松さんが知事で、あの時の警察部長がひっくくっちゃったのです。それで海後君をひっくくっちゃったのです。近畿班というものを作って私は奈良県を担当しているし、私は民政党におりましたので若干役所との関係がありましたものですから、それを貰い受けに行かなきゃならない。そこで今松さんのところへ行って、ある先輩と私とで海後君を貰いに行ったのですが、「あんまり煽らんでくれよ。中央からも指令が来ているからな」ということで、それで警察部長と今松さんが間に立って飲ませて貰って海後君が解放されるということになったのです。

三月三〇日、有馬は日記に「気持ちは休まったが何か未だ燃え残りがある様な落ちつかぬ気分。夜も眠れるが疲れは未だ充分とれぬ」と書き、翌三一日「午後本部に行き石渡〔荘太郎〕氏と事務の引継ぎをし」ている。この日また「社会の状態すこぶる悪く、小倉〔正恒〕氏国務相となるとの風説あり、内閣の性格益々変化、どうなることか」と有馬は記した。

翼賛会の官僚化

四月二日政府は改組案を発表した。あくまで発展的改組だとしたが、国務大臣たる副総裁制および調査委員会制の採用、本部機構の簡素化、企画、政策および議会の三局の廃止、東亜局の新設などが骨子であり、これらはいずれも「高度の政治性」の否定につながるものであることは疑いなかった。またこれまで結着のつかなかった支部長を道府県知事としたこともその一環であり、四月七日には大政翼賛運動規約も改正された。

四月一日有馬は「翼賛会は精動化はせぬが官僚化はした」と記す。一二日に発表された人事をみると、副総裁柳川平助《やながわへいすけ》、事務総長石渡荘太郎、組織局長挟間茂、東亜局長永井柳太郎、中央訓練所長八角三郎《やすみさぶろう》ということで、内務官僚が増え、永井、八角という旧民政・政友の議会人も入り、柳川が副総裁として〝復古〟派も入り、従来の翼賛会批判をした部分にポストが配分されている形になっている。とりわけ重要な組織局長のポストに内務官僚が入ったことは注目された。すでに翼賛会を去った東建連関係者は中野の東方会再建につづいてそれぞれ再び政治結社化をすすめていた。旧社大党系の人びともほとんど残らなかったが、彼らはもはやまとまって新しい政治活動をしようとしていなかったようである。四月五日有馬は板垣から、新聞社の連中が「橋本〔欣五郎〕氏と何か始めるというているがほんとうか」と聞かれている。橋本らと行動を共にするという噂があったらしい。有馬ははっきり否定し、他方有馬を翼賛会総務に推挙するという話もはっきり断っている。彼は政治からの隠退を考えていたのだろう。

牧達夫によれば、改組の段階に至って「翼賛会はそのイデオロギーの変貌と共《とも》に今や完全に内務行政の補助組織と化するに至った。特にこの改組と共に最も目立った運動上の変化は翼賛会を以って職分奉公、臣道実践の修養道場としたことであった。国内到る所に修練の道場が開設せられ、復古的な『みそぎ』の行や、座禅や或《あるい》は絶食修行に近きものが風潮的に励行されﾞた。しかし、「軍がその内心の決意に於《お》いて翼賛会に全く見切りをつけたとは言え会の内部には軍と憂いを共にするものも猶《なお》多く存し、事こゝに至っても尚《なお》軍の支持を期待し、その意向を質してこれに即応せんと呼応する者も少くはなかった。茲《ここ》に於いて軍は遂に翼賛会に於いて充すを得なかった国民的政治結集の活路を変貌翼賛会の外廓に新に作る翼賛壮年団に求むることにした」。

また後藤文夫と協議して、「中央的指導者兼組織者として内務省出身の異色と目せられ、さきに満洲官僚として協和会の結成に参画した菅太郎氏（広島陸軍幼年学校、陸士三十三期中退）を起用して後藤氏に協力せしめた」。一六年六月の頃であった。しかしこれに対し再び内務省はその支部長を知事にするよう要求して譲らず、結局「遂に武藤局長の裁断により軍側の譲歩を以《も》って団長は其の人を得る迄《まで》一時的に知事の代行を認むることゝして落着をした」のであった。

翼賛会の無力化と代って力をとりもどした議会では一六年九月の第三次近衛内閣の下で、三二九名の議員によって結成された翼賛議員同盟が政府与党となった。これは旧既成政党の集団であった。翼賛会の推進派だったものはむしろ小会派に追い込まれていた。こうした体制の中でこの年「大東亜戦争」を迎えたのである。この段階で軍はむしろ翼同を動かし官僚機構を動かしていくことに重点をうつし、指導的政治組織を作るという情熱をもはや失ってしまっていたのである。以後、戦局が悪化し、二〇年六月国民義勇隊に改組されるまで翼賛会は存続し、戦時下で戦争体制を支える重要な役割を果したが、指導的政治組織化を試みることはなかった。

終章　新体制運動とは何であったのか

帝国憲法改正の試み

新体制運動とは一体何であったのだろうか。上述のこの運動の経緯をかえりみながらもう一度まとめて考えてみよう。

第一に、それは一九三〇年代のはげしい国際環境の中で生き残るために、帝国憲法の改正ないしその弾力的運用ということをも含む、全政治、経済、社会体制の変革をめざす運動であった。

むろんこの運動に参加ないし期待をもったすべての人びとがそのように考えていたわけではなかったが、少くとも近衛をはじめその中枢にあった人びと、あるいは近衛をかついで新しい権力の中核を構成しようとした人びとにおいて、このことは明らかであった。従って彼らにとっては、これは一種の「無血革命」となるはずのものであった。

帝国憲法は「不磨《ふま》の大典」といわれ、容易に改正しうるものではなかった。これにふれることは、その事自体政治的に危険な賭であった。しかし、大正期には近衛の憲法研究会などでその改正が議論されていたし、例えば植原悦二郎《うえはらえつじろう》は大正八年に刊行した『デモクラシーと日本の改造』の中で、帝国憲法の修正を論じていた。「改革」は結局帝国憲法につき当らざるをえなかったのである。

むろんこのいわゆる「大正デモクラシー」期のこうした主張と昭和一〇年代のそれとは、共通する側面をもちながら、明らかに異った側面をもっていたことはいうまでもない。近衛は昭和一〇年代、依然改正を考えていたのに対し、植原は新体制に反対し、憲法擁護を主張する鳩山グループに加わっていたのである。

新体制運動の重要な一翼を担った旧社会大衆党の代議士で大政翼賛会の議会局審査部副部長のポストに就いた河野密《こうのみつ》は、一五年八月二三日付の文章の中で、「新体制とは、文字通り新しき『体制』の意味であり、政治、経済、思想、文化等の各般に亙《わた》るものであり、日本国家の新しき脱皮と言うも過言でなかろう。政治に於《おい》ても、内閣制度、議会制度、行政機構、官吏制度、政党組織、地方制度等の全面に及ぶは勿論《もちろん》のこと、国民組織、国民組織の中核体等の新しき政治力の源泉に就《つい》ても論及しなければならぬ。従って、新体制を新政治体制と限定すべきものではなく、新体制をまた新党運動と限定すべきものではない」と記している(『新体制・その後に来るもの』昭和一六年)。

この大変革、無血革命が一挙に成就出来ると考えられていたわけではない。尾崎秀実《おざきほつみ》が近衛をケレンスキーに比したのは、そのあとにつづく本格的なボルシェビキによる権力掌握に比すべき変革への過渡期と評価していたからである。いずれにせよこの近衛を戴《いただ》く新体制運動の結果として、基本的に変革の方向を打ち樹てようというのが、彼らの共通の意図であったことは疑いない。そのスタートの時点で、どこまで旧体制に譲歩しうるのか、しても逆転はありえないのか、という点で、各グループの意見にくいちがいがみられるのである。

旧体制と新体制

第二に、では変革さるべき「旧体制」とは何であったのか。前述のように反新体制派から問題としてとり上げられた『新体制早わかり』と題するパンフレットは「世界は今、御承知の通り、大動乱、大転換の真只中にあります。これは、フランス革命後の思潮であった自由主義、民主主義を背景として、いわゆるイギリス的秩序で発展し、又固められていたところの世界が行きづまって、新らしい哲学、新らしい世界観に基づくところの世界、即ち結論的には通俗にいう全体主義的な世界になりつつあるのです」といい、また満州事変が本質的には「英仏米の自由主義的、資本主義陣営」とのたたかいであったとのべている。われわれは「世界の歴史の大転換点」にあるのであって、すでに言われてきていた「西欧の没落」は必然化している。つまり自由主義を背景とした資本主義体制は今や新しい状況に対応することが出来なくなり、しかもその没落という歴史の必然性に必死に抵抗しているのだ、日本も明治維新以来の産業化の中で、必然的に西欧文明の影響を受け、従ってまた自由主義を背景とした資本主義体制が今日飛躍すべき日本の桎梏《しっこく》となっている。打倒すべきは財閥を中心にして、その政治的代弁者である既成政党であり、彼らの輩下にある旧官僚であり、新しい状況を認識しない軍官僚＝軍閥であり、天皇をとりまく宮廷官僚である――というのが、多くの新体制論者のほぼ共通した認識であった。

従って旧来の体制のすべてが見直されなければならないのであって、それは軍事・政治・経済のみならず教育・文化、そして労資関係、地主小作関係をも含んでいた。転向したマルクス主義者たちを含めて大正期以来のさまざまな「革新」派がこの運動に参加し、魅力を感じたのはまさにそうした点であった。

第三に、では創らるべき新体制とはいかなるものであったのか。まず、国際的には周知のように「世界新秩序」の建設であった。ベルサイユ＝ワシントン体制――それは自由主義的資本主義世界支配の枠組であった――から、世界の四大ブロック化への移行であった。つまり、独伊によって統一された欧州新秩序、それと提携した日本を中心とした東亜ブロック＝東亜新秩序＝大東亜共栄圏、そしてソ連圏、アメリカ圏の四大広域支配圏の形成である。そして日独伊三国同盟と独ソ不可侵条約、日ソ中立条約によって三つのブロックが結ばれ、それによってアメリカの牽制、封じ込めが行なわれるという松岡洋右《まつおかようすけ》の構想――これには近衛も熱心な賛同者であった――はその典型であったといってよいであろう。この中で日本の歴史的役割は西欧＝自由主義を基礎とした資本主義体制の帝国主義的植民地支配からのアジアの解放であった。東亜共同体、東亜新秩序、東亜連盟、大東亜共栄圏……等々はそうした使命感の若干のニュアンスを異にするさまざまな表現であった。

第四に、日本の使命がさきのようなものであるとすれば、日本にとって何よりも必要な事は、英仏等の植民帝国を打破り、東亜を「解放」するために必要な「高度国防国家」を建設することであった。それは第一に「解放」のために必要であったし、第二に「解放」した東アジアを統合していくためにも、日本が自立した高度な重化学工業をもつ国家となる必要があった。そのためには日本の産業の飛躍的発展を阻害していると考えられた資本主義体制が変革されねばならない。何よりも国家的な視点での経済の統制が必要とされた。ドイツ・イタリアのみならず、ソ連の共産主義的統制経済も、英米においても拡大しつつあった経済統制とそれによる生産の向上は範とされなければならなかった。ベストセラーになった笠信太《りゅうしんた》郎《ろう》の『日本経済の再編成』に示されたような、個々の私的資本の利害を超えた新しい経済体制が必要であり、それによってのみ産業の高度化、つまり国防国家の建設が可能であるのだ、と主張されたのである。

第五に、そうした統制経済は、経済に対する政治の優位によってのみ達成しうると主張された。旧体制は経済による政治の支配であり、その実体は財閥を背景とし、それと結びついた既成政党・旧官僚の支配であった。従って、既成政党は解体されなければならず、旧官僚は放逐されねばならないのである。国家目標は日本においては天皇によって基本的に示されており、それを全国民が輔翼《ほよく》する体制が必要とされたのである。

新しい体制は全国民がその職業、職場、居住地域、年齢、性別等々によって組織された国民組織を基礎とし、この国民組織は前述の国家目標に向って理論的にも実践的にも優れた人びとの組織、つまり中核体＝新たなる「党」によって指導されなければならない。すべての国家機関自体もこの「党」の指導の下におかれ、党の最高指導者は天皇に対する唯一の輔弼《ほひつ》者となる。

「党」と最高指導者

こうした体制のモデルはソビエト共産党であり、ナチス党であり、ファシスト党であり、中国国民党であった。さらにまたそれらをモデルとした満州国協和会があった。協和会とともに中国の日本占領下に作られた新民会や全民会などと連絡をもつ新しい党が東亜協同体建設の実質的な指導部でなければならなかったのである。

こうした構想は統制経済を含めて、帝国憲法下において疑義を生ぜざるをえなかったから、推進者たちは露骨にその構想の全体を表面に推し出すことは困難であり、後述のようにそれが彼らの足元をすくうものの一つとなるのである。

第六に、そのような前衛「党」は如何にして形成さるべきなのか。「党」は自然成長的にではなく、まず「党」を確立することが第一であった。「党」に結集さるべき人びとは、社会大衆党や東亜建設国民連盟加盟の「革新」諸団体、そして広く官民の各機関や大衆団体の事務局的なところに散在していた。これらを結集することが「党」を結成することであったが、問題は最高指導者であった。そしてこの最高指導者に仰ぐべき人物はほぼ近衛文麿に限定されていたのである。それは彼の「革新」性とその天皇に近い「高貴な出自」とによる近衛の「人気」を背景としたものであった。

杉原正巳は「近衛は大正の自由人らしく少数野党から近衛新党を作るという観念を持っていた。それに対して麻生はそんなことでは事態の急激な動きには間に合わない。総理大臣という権力の下に、指導的な党を作ることが必要だ、と説いた。……国民組織というのは利益社会の個人主義を中心とした民主主義を離れて、共同社会的な組織や観念をあらゆる社会組織の中に貫通させようということで、それを作る党を先《ま》ず内閣の権力によって、近衛独自の人格によって創り出そうというのであった。麻生はこれを社会大衆党内では〃白足袋革命〃という自己納得的な言葉で表現した」と回想している（『中央公論・歴史と人物』四九年四月号）。

近衛にはたしかに「下から」、つまりナチスのように少数の「党」から出発して……という考えもあった。しかし彼は麻生の説得だけではないだろうが、昭和一五年八月の声明の中で「上から」の方向をもやむをえぬものとして是認している。「上から」「下から」というのはジャーナリズム上の議論としても行なわれているが、多少とも「上から」の組織化を否定するものはなかった。「上から」の場合どうしても避けがたい、非「革新」的な部分の包容について、亀井貫一郎《かめいかんいちろう》は明治維新の二段革命的解釈から、漸次異分子を粛正排除していくという方策を近衛に提言しているが、これは前述の尾崎の構想とも共通し、かなりこうした考え方が広く共有されていたことを示している。

構想はなぜ実現出来なかったか

第七に、以上のような構想がなぜ実現出来なかったのだろうか。何よりもまず最高指導者に予定された近衛文麿の問題があろう。近衛自身に最高指導者として、この世界的な大動乱の中で大きな役割を演じたいという期待がなかったわけではない。彼がかつてヒットラーの仮装をしたというエピソードが示しているように、強者へのつよいあこがれがあったことはたしかである。そしてそれは彼自身が自覚していた自己の「弱さ」の裏返しでもあった。近衛にはたしかに大衆的な人気があった。しかし彼は決してカリスマではなく、彼の人気を支えていた一つは天皇家との近さという彼の出自であった。しかも性格的に積極性を欠いていた彼は「指導者」というタイプではなく、かつがれ型の政治家であった。だから尾崎秀実《おざきほつみ》は近衛をケレンスキーに比したのである。近衛が独裁者となりうるタイプの政治家でないことは、近衛をかついだ当の人びとの実感であったろう。にもかかわらず近衛をかついだのは、近衛がすべての政治勢力から「悪く思われていない」ということ、つまり当時の大義名分であった「挙国一致」を標榜しながら、上から「党」を作っていくために必要欠くべからざる存在であったからである。そのような人物はほかに存在しなかったのである。

第八に、その第二の原因として「挙国一致」論のもつ問題をとり上げなければならない。「挙国一致」の必要性についてはどの政治勢力も異論をとなえる余地はなかった。その側面で新体制運動は極めてつよい正統性を主張しえたが、同時に大きな抵抗、つまりさまざまなレベルの「現状維持」派の反対と実力的に対決していくことを避けようとする限り、どの程度にか、既存の諸政治勢力をとり込み、従って政策的にも譲歩した、連合体的な政治組織にならざるをえない。切迫した情勢の下での「変革」は団結をそこなうという反対派の論理もつよかったのである。

しかも「挙国一致」内閣以来、まさにそのようなあいまいな「挙国一致」が無力だという形で批判しつづけてきたのが「革新」派であったのである。麻生が〝上から権力をもって〟といった場合、警察力や軍の実力を背景に強力に反対派を圧《おさ》えながら、多少の夾雑物をとり込むとしても、基本的には「革新」派の「党」による国家を企図していたのである。従って麻生にとっても、ほかの「革新」派にとっても、近衛の決断こそが、鍵であったのである。しかし最終的に近衛はそれを決意することが出来なかった。

第九に、しかしそれは単に近衛の個人的決意の問題には帰着しえない。政党や財閥などの旧体制派の力が過小評価できないだけでなく、軍を含む官僚機構の中には多くの「革新」派が存在していたとしても、日本の政治において大きな力をもっていた官僚機構自体の利害と直接に関連したところで生じた、機構そのもののおこした反撥の力もまた極めて大きなものであった。軍にしても「党」の指導下に入るとなったら大きな抵抗があったであろうし、「党部」と「軍部」という二本建てとしてもその関係の構築は困難であったろう。内務省の場合、大政翼賛会の支部長が知事と別建てとなったとしたら、地方行政は二重構造になって混乱するとしてあくまでもこれに反対した。従ってほかの分野でも本格的におこりうるこうした反撃を乗り越えてすすむことは、国内の政治のみならず各方面にかなりの大混乱をひきおこすだろう。だから、前述のように、かかる大混乱をおこすことは緊迫した情勢の下では日本にとって不利だとする議論が大きな影響力をもつことは極めて自然であった。元来近衛はさまざまな勢力の上に乗っていたのであるから、自分の足元でおこりはじめたこうした動揺を前にして退却しようとしはじめたのはこれまた自然であった。近衛はあとを内務省に託したことによりこの「白足袋革命」は失敗に帰し、この運動によって活性化した国民の中堅層を内務省が指導しながら、大政翼賛会は政府の運動組織として改組されるに至ったのである。

第一〇に、「革新」派の企図は失敗に終ったとはいえ、大政翼賛会は戦中にかなり有効な機能を果したといえよう。私はこの分析は行なわなかった。しかし、この運動のかかげた理念や実践の経験、そしてこの運動をそもそも必然ならしめた日本社会や政治のさまざまな要求や課題をきちんと冷静に分析することが、当時の日本を歴史の中に位置づけるために必要だというだけでなく、さらにその課題のうち今日までに何が解決されたのか（とくにいわゆる「戦後改革」の中で）、状況の変化によって何が課題でなくなったのか、また何が課題として残っているのかを検討することによって、今日の日本の状況をはかる一つの手がかりともなるであろう。

またこの運動を推進した「革新」派のその後、とくに戦後の動向は興味ある問題である。これまでの記述から、戦前の「革新」派と戦後の「革新」派とのかなりつよい関連性を無視しえないことに気がつくであろう。戦後の「革新」派は戦前のそれの理解なしにはありえない。そして戦後の「革新」派の主流となった共産―社会主義派の「夢」が、大正七、八年にスタートした「革新」派の世代としての生物的消滅の時期と併行して、その魅力を失い、「歴史」となりないしなりつつあることをわれわれは現にみているのである。

あとがき

昭和四四年に、私はそれまで数年間をかけて行なってきた、ロンドン海軍軍縮問題をめぐる諸政治勢力の対抗と提携の分析をまとめて、拙著『昭和初期政治史研究』(東京大学出版会)を公にした。その「あとがき」で、私は「本書で述べた〝革新〟派こそが昭和の政治史の推進力であった。昭和一〇年代に入ってこの〝革新〟派がどのように定型化されるのかを、昭和一三年の近衛新党の問題を通じて追究してみようというのが次の課題である」と書いた。

昭和一三年の近衛新党問題は、本書でのべたように一五年の新体制運動と直接につながる、「革新」新党による政治支配への試みであった。以後今日に至る私の昭和史研究は、新体制運動の分析に焦点をあててきた。しかしこの時期の政治史研究の蓄積はほとんど無に等しく、史料の発掘、関係者からの聴取りからはじめ、関連する諸問題について一つ一つ事実を確定していくことが必要であった。従って参考文献の冒頭にかかげた以後の私の研究や史料復刻などの大半は直接間接新体制問題に関連している。この研究の過程で蒐集した史料は『現代史資料44・国家総動員2』(今井清一氏と共編、昭和四九年、みすず書房)に収録し、またその解説に引用した。以後新たに若干の史料を得たが、基本的に本書に利用した史料はその中に収められている。

「近衛新体制」運動——大政翼賛会の成立は多く日本ファシズムの確立として評価されてきた。私は本書においてファシズムという言葉を使っていない。ただ「ファシズム」を、党による国家の支配、政治による経済の支配を中核とする新しい体制をめざす、別な言葉でいえば全体主義を意味するとするならば、それに最も近いものをめざしたのは新体制運動を推進した「革新」派であったといってよい。近衛をはじめとして、軍内の「革新」派、新官僚の多く、そして風見章、有馬頼寧、中野正剛、尾崎秀実、社会大衆党の多く、さらに転向した共産党員の多く（この大半が戦後再転向して日本共産党を構成する）がそうだということになるが、多くの論者が彼らを必ずしも「ファシスト」とよんでいるわけではないのは一体どういうわけであろうか。

しかもこれらの戦争を通じての変革をめざした「革新」派は勝利したのだろうか。むしろこの運動は昭和一六年四月の改組で、敗退したとみた方がよい。するとファシズムの「確立」というのは変ではないのか。むろん、以後さらに戦時体制は強化されていったが、しかし戦時体制イコールファシズムではないはずである。——こうした疑問から私の研究はスタートしている。

このような疑問はまだ充分に納得しうる説明に到達しているわけではない。本書は今日までの研究の中間報告である。中公新書の編集部の宮一穂氏から執筆をすすめられてとにかく文章化しはじめてみると、つぎつぎと明らかにしなければならぬ問題点が浮び上ってきた。その一つとして本書執筆と併行して、「旧左翼人の『新体制』運動」という論文を書いた（『年報・近代日本研究』5号）。これは旧左翼、とくに転向した旧日共系の人びとを中心とした日本建設協会と国民運動研究会の運動を分析したものである。しかし、この内容を本書にくみ入れることは出来なかった。

これを含めて、新体制運動を推進した諸団体の、とくに地方における運動の具体相を明らかにすること、運動のリーダー等のそれぞれの考え方の個性的な部分を明らかにすることも不充分である。また、改組後の大政翼賛会の実際の運動の展開、翼賛会から飛び出した「革新」派の動向、「革新」派の翼賛選挙および戦時議会への対応などについても、さらに戦後との関連も示唆するにとどめざるをえなかった。「復古」派や「現状維持」派の側の対応についても、まだ断片的でしかない。これら残された問題は、今後の課題としたい。

本書をまとめるに当って、怠慢な私を激励して、いつの間にか原稿枚数が必要量までたまるようにして下さった編集部の宮一穂氏、そして最終的に刊行の決断をつけて下さった平林孝氏の両氏に心からの感謝の意を表明したい。私はかつて平林氏のすすめで、『中央公論・歴史と人物』（昭和四九年四月号）に「新体制運動とは何か」という小論を書いた。それが本書の第一の下敷きになっている。それから一〇年近くたって本書をまとめるに当って同氏が担当して下さるめぐり合わせになったのも奇縁である。

参考文献は概ね本書に直接引用ないし言及したものにとどめた。なお、本文での引用は読者の便を考えてすべて現代仮名遣いに直した。

追記

「あとがき」に書いたように、本書執筆と併行して「旧左翼人の『新体制』運動」＊を書いた。これは長野県の旧共産党を背景にした国民運動研究会・日本建設協会の新体制運動を分析したもの、前者は羽生三七《はにゅうさんしち》らが中心、後者は川崎堅雄《かわさきけんお》らが中心、メンバーの多くは戦後日本共産党に復帰し、羽生は日本社会党に入党したが、川崎は戦後の民主的労働運動の指導者の一人となった。後に羽生・川崎の関係文書は遺族から国会図書館憲政資料室にご寄贈頂いた。そのあとも、この問題に関連したものとして、「秋永《あきなが》月三《つきぞう》研究覚書」上・中・下＊（『史』63〜65号、昭和六二年四月〜一二月）、「毛里《もうり》英於《ひでお》菟《と》論覚書」＊（『年報・近代日本研究』九、昭和六二年一一月）を書いた。秋永は、この時期陸軍少将、企画院第一部長として企画院に結集した革新官僚（迫水久常《さこみずひさつね》・毛里英於菟・美濃部《みのべ》洋次《ようじ》等）の中心にあった人物。毛里は亀井《かめい》貫一郎《かんいちろう》の義弟で企画院革新官僚三羽烏の一人といわれた人物であった。両人のそれぞれの言論・行動を分析した。毛里の関係文書も遺族から国会図書館憲政資料室にご寄贈頂いた。

「『国是』と『国策』・『統制』・『計画』」＊（中村隆英《なかむらたかふさ》・尾高煌之《おだかこうの》助《すけ》編『二重構造』「日本経済史6」、平成元年八月、岩波書店）は、大正中期から日中戦争開始までの時期「革新」への動きを論じたものである。「『革新』派と社会主義」（『文化会議』平成三年一月号、シンポジウム総合テーマ「昭和と社会主義」の報告と討論）は、共産主義と新体制論の類似性、戦前の「革新」派と戦後の「革新」派の人間的連続性などを論じた。なお本書で多用した有馬の日記も、共編（尚友倶楽部）で『有馬《ありま》頼寧《よりやす》日記』全五巻（山川出版社、平成九年）として刊行することが出来た。

　またそれと併行する形で、本書ではほとんど触れなかった反「革新」派にも関心を持ち戦中期から戦後にかけての彼らについていくつかの論文等を書いた。最初は「小林躋造《こばやしせいぞう》内閣運動をめぐって――戦中政治史の一側面――」＊＊（『みすず』二〇〇号、昭和五一年一〇月）で、吉田茂が既に「革新」派から反「革新」派に転向していた近衛と共に、真《ま》崎《さき》甚三郎《じんざぶろう》を中心とする陸軍皇道派と組んで、海軍の小林躋造大将を担いで、東条内閣打倒を試みた運動を論じたもので、この運動の周辺に鳩山一郎の名も出てきており、「革新」派＝「赤」論を中心にした反「革新」派の結集であった。なお小林躋造の諸記録は野村実氏と共編で『海軍大将小林躋造覚書』（山川出版社、昭和五六年）として出版した。次は「昭和一七～二〇年の近衛―真崎グループ」＊＊（『年報・近代日本研究』一・「昭和期の軍部」、山川出版社、昭和五四年）で、真崎甚三郎の長男、秀樹氏から「真崎甚三郎日記」の閲覧を許されたことで、多くの事実を明らかにすることが出来、昭和一七年頃から昭和二〇年二月の「近衛上奏文」にいたる反「革新」派の動きを述べたものである。その中で宇垣―真崎提携問題が取り上げられていたことにも注目した。なお昭和五六年から六二年にかけて共編で『真崎甚三郎日記』全六巻を刊行することが出来た。

　次は「『自由主義者』鳩山一郎――その戦前・戦中・戦後――」＊（『年報・近代日本研究』四、昭和五七年）で、鳩山が戦後追放解除申請の際提出した証拠物の中にあった日記抄録を共立女子大学の当時常務理事であった石橋義夫氏から閲覧を許されたことで書くことが出来たものである。戦前戦中期の鳩山の反枢軸・反四国同盟・反英米打倒論・「親英米」派的な姿勢、旧政友会の芦田均《あしだひとし》、植原悦二《うえはらえつじ》郎《ろう》、旧民政党の川崎克《かわさきかつ》、斎藤隆夫《さいとうたかお》、旧社会大衆党の鈴木文治《すずきぶんじ》、片山哲《かたやまてつ》、無所属の尾《お》崎行雄《ざきゆきお》らの議会人、近衛文麿、吉田茂、岩淵辰雄《いわぶちたつお》、殖田俊吉《うえだしゅんきち》等々という人々との連携を明らかに出来た。なお平成一一年になってから、共編で『鳩山一郎・薫日記　上巻　鳩山一郎篇』（中央公論新社）を刊行することが出来、長い「解説」を執筆した。次は「吉田茂と宇《う》垣一成《がきかずしげ》――昭和十四年における――」（『憲政記念館の十年』昭和五七年）＊で、宇垣一成の長男の一雄氏から宇垣宛書簡を見せて頂くことが出来、その中に興味深い吉田茂書簡があり、それに触発されて書いたものである。吉田が樺山愛輔《かばやまあいすけ》等と「親独伊路線から親英米路線への転換」を期待して宇垣内閣の実現を働きかけていたことを指摘した。これに続いて「宇垣一成の外交政策論――昭和十五年を中心に――」＊（『史学雑誌』九四―一、昭和六〇年）で宇垣の政策文書を分析して、「統制派を中心とする当時の推進力と明らかに異なるものであり、彼らから警戒され、逆に『現状維持』派や『復古』派から期待を持たれる」ものであったことを明らかにした。一雄氏の所蔵されていた宇垣一成関係文書は衆議院憲政記念館に寄贈され、一部は国会図書館憲政資料室にご寄贈頂いた。

次の「石射猪太郎《いしいいたろう》『外交官の一生』の解説」＊（中央公論社、昭和六一年）は、中央公論社が本書を文庫として刊行する際に書いた解説である。石射については前記宇垣一成関係文書の中に昭和一三年宇垣外相に宛てたシナ事変解決についての意見書の執筆者石射東亜局長として注目していた。宇垣はこの意見書を「概ネ本大臣ノ所見ニ合致」としてタイプして極秘に配布していた。石射は白鳥敏夫《しらとりとしお》らを中心とする革新外交官と対極にある外交官であった。宇垣の対国民政府和平工作に全力を尽くし、それが統制派によって阻止されたあと、局長を辞任している。後にこの回想の元になった日記を長男の周蔵氏が亡くなられたので弟の虎三郎氏から見せて頂き、出版のお許しを得て、共編で『石射猪太郎日記』（中央公論社、平成五年）を刊行し「解説」を執筆することが出来た。

「斎藤隆夫《さいとうたかお》『回顧七十年』の解説」＊（中央公論社、昭和六二年）も中央公論社が本書を文庫化するに当たって書いた解説である。その中で、「彼は一面当時の『革新』派を批判する保守主義者でもあり、熱烈な愛国者・天皇崇拝者であり、『平和』論に対する烈しい批判者でもあった」と述べた。彼は鳩山等の「現状維持」派の議員集団の中にあったが、特に宇垣一成に期待を抱いた一人であった。この回顧録の元になった日記については、遺族の義道氏に懇願して、最終的に同意を得て、『斎藤隆夫日記』上・下、を中央公論新社から平成二一年九月に刊行し「解説」を執筆することが出来た。

「渡辺鉄蔵《わたなべてつぞう》『自滅の戦い』の解説＊（中央公論社、昭和六三年）」も前二者と同じである。渡辺は東京帝国大学経済学部教授、日本商工会議所専務理事、民政党代議士（一期で落選）、昭和一九年「反戦的な言論」があったとして憲兵隊に検挙され、実刑を言い渡されている。昭和一四年三国同盟反対運動の際、政友会鳩山派、民政党斎藤隆夫グループは同志であった。経済新体制反対運動、「米国とは絶対に戦ふべからず」という建言書の提出（それに吉田茂・幣原喜重郎《しではらきじゅうろう》・小幡酉吉《おばたゆうきち》・宇垣一成が賛意を表したという）、戦争即時終結上奏計画など精力的な活動について記している。私は「反全体主義・古典的な自由主義者」と評価した。

次は「山本勝市《やまもとかついち》についての覚書」一〜三（亜細亜大学『日本文化研究所紀要』一〜三、平成七年一月〜平成九年三月）である。私が山本の名を知ったのは、矢張り「復古」派の一人小川平吉《おがわへいきち》の『小川平吉関係文書』（みすず書房、昭和四八年）中にその名があったことからであった。昭和一五年の日記に山本と小川の経済新体制反対行動が記されている。『鳩山一郎・薫日記　上巻　鳩山一郎篇』によると昭和一五年に山本の著作『「日本経済の再編成」批判』を読み「笠《りゅう》氏の立論を根底より打倒して余す所なし」と感銘を受け、一七年に至って来訪の記事がある。復古派と自由主義派の双方から、つまり反「革新」派から支持を受けているのである。このことを前記「日本文化会議」で話したところ、聞いていて下さった小田村四郎氏が故三浦貞蔵編『―占領下の自由主義者弾圧の裁判記録―（故）山本勝市経済学博士・追放物語始末（御本人の遺稿）』という本を送って下さった。そのお礼状に山本の史料についての情報を求めたところ、同氏の令兄寅二郎氏が預かり、整理しているということであった。寅二郎氏にお目にかかり、ご遺族とも話し合い、史料を整理目録と共に国会図書館憲政資料室にご寄贈頂くことが出来た。その際昭和一八〜二〇年の日記を拝借し、それを読み起こし、長い解説を書き、紀要に連載したのであった。山本は戦後鳩山の自由党結成にかなり大きな役割を果し、以後議員としても活躍している。残念ながら私が亜細亜大学から埼玉大学に移って、研究所も紀要もなくなったので、最後の部分を取り上げることなく中断してしまった。

そうして次第に研究の対象の重点が戦中から更に戦後に移り、史料の収集、翻刻、オーラルヒストリーもその時期のものに重点が移って今日に至っている。無論明治〜昭和戦前の史料蒐集や小論文の執筆は続けているが。

＊印のものは『昭和期の政治［続］』（山川出版社、平成五年）に、＊＊印のものは『昭和期の政治』（山川出版社、昭和五八年）に収録したことを示す。無印のものは私家版『落ち穂拾い』の該当巻に収録した。

最後に編集担当者、引用文献に丹念に照合して誤りを指摘して下さった校閲者に深く感謝する。

参考文献

伊藤　隆『昭和初期政治史研究』昭和44年、東京大学出版会／「『挙国一致』内閣期の政界再編成問題」(一〜三)『社会科学研究』24—1・25—4・27—2、昭和47〜50年／「右翼運動と対米観——昭和期における『右翼』運動研究覚書」細谷千博他編『日米関係史3』昭和46年、東京大学出版会／『十五年戦争』(日本の歴史30) 昭和51年、小学館／『大正期「革新」派の成立』昭和53年、塙書房／『昭和十年代史断章』昭和56年、東京大学出版会／「『自由主義者』鳩山一郎——その戦前・戦中・戦後——」『年報・近代日本研究』4号、昭和57年／『昭和期の政治』昭和58年、山川出版社／「旧左翼人の『新体制』運動——日本建設協会と国民運動研究会」『年報・近代日本研究』5号、昭和58年

日本政治学会『年報政治学一九七二・「近衛新体制」の研究』昭和48年、岩波書店
岡　義武『近衛文麿』昭和46年、岩波書店
秦　郁彦『軍ファシズム運動史』昭和37年、河出書房新社
立花　隆『日本共産党の研究』上・下、昭和53年、講談社
細谷千博「三国同盟・日ソ中立条約」『太平洋戦争への道5』昭和38年、朝日新聞社
宮地正人「企画院事件」我妻栄他編『日本政治裁判史録』昭和・後、昭和45年、第一法規出版
木坂順一郎「大政翼賛会の成立」『岩波講座　日本歴史20』昭和51年、岩波書店
今井清一・伊藤隆編『現代史資料44・国家総動員2』(解題伊藤)、昭和49年、みすず書房

翼賛運動史刊行会『翼賛国民運動史』昭和29年、同会

木戸日記研究会校訂『木戸幸一日記』上・下、木戸日記研究会編『木戸幸一関係文書』昭和41年、東京大学出版会

矢部貞治『矢部貞治日記』銀杏の巻、昭和49年、読売新聞社

原田熊雄『西園寺公と政局』全八巻・別巻、昭和25～31年、岩波書店

「近衛文麿関係文書」陽明文庫所蔵

「有馬頼寧関係文書」国立国会図書館憲政資料室所蔵

「風見章日記」風見博太郎氏所蔵

小川平吉文書研究会『小川平吉関係文書』Ⅰ・Ⅱ（解題伊藤）、昭和48年、みすず書房

伊藤隆他編『大蔵公望日記』一～四、昭和48～50年、日本近代史料研究会・内政史研究会

林茂・伊藤隆他編『二・二六事件秘録』全三巻・別巻一、昭和46～47年、小学館

中村隆英・原朗編『日満財政経済研究会資料――泉山三六氏旧蔵』全三巻、昭和45年、日本近代史料研究会

内務省警保局『社会運動の状況』（昭和四～一七年）、昭和46～47年、三一書房（復刻版）

亀井貫一郎「軍部と社会大衆党」『改造』昭和10年1月号

河野　密『新体制・その後に来るもの』昭和16年、万里閣

杉原正巳『東亜協同体の原理』昭和14年、モダン日本社　『国民組織の政治力』昭和15年、モダン日本社

重信嵩雄「一国一党論の全貌」『中央公論』昭和13年2月号

野村重太郎「新党運動を裸にする」『中央公論』昭和13年12月号

池田純久『日本の曲り角』昭和43年、千城出版
風見　章『近衛内閣』昭和26年、日本出版協同KK　『新政治体制の由来と其経緯』（内外法政研究会研究資料一四七号）
有馬頼寧『政界道中記』昭和26年、日本出版協同KK　『七十年の回想』昭和28年、創元社
大谷敬二郎『にくまれ憲兵』昭和32年、日本週報社
青木保三『七十年を顧りみて』昭和45年、青木宏之
富田健治『敗戦日本の内側──近衛公の思い出』昭和37年、古今書院
『中央公論・歴史と人物』昭和49年4月号

矢次一夫『昭和動乱私史』上・中・下、昭和46〜48年、経済往来社
昭和同人会『昭和研究会』昭和43年、経済往来社
酒井三郎『昭和研究会』昭和54年、TBSブリタニカ
河野　密『日本社会政党史』昭和35年、中央公論社

矢部貞治『近衛文麿』上・下、昭和27年、弘文堂
吉田茂伝記刊行編輯委員会編『吉田茂』昭和44年、明交社
麻生久伝刊行委員会編著『麻生久伝』昭和33年、同会
須田禎一『風見章とその時代』昭和40年、みすず書房
西岡竹次郎伝記編纂会編『伝記西岡竹次郎』上・中・下、昭和40〜43年、同会
吉田弘苗編『秋田清』昭和44年、秋田清伝記刊行会

桜田倶楽部編『秋山定輔伝』一〜三、昭和52〜57年、桜田倶楽部
中村隆英・伊藤隆・原朗編『現代史を創る人びと』1〜4、昭和46〜47年、毎日新聞社
読売新聞社『昭和史の天皇17』昭和47年、読売新聞社
岸信介・伊藤隆・矢次一夫『岸信介の回想』昭和56年、文藝春秋
牧達夫『牧達夫氏談話速記録』昭和54年、日本近代史料研究会・木戸日記研究会
伊藤隆・竹山護夫編『亀井貫一郎氏談話速記録』昭和45年、日本近代史料研究会
片倉衷『片倉衷氏談話速記録』上、昭和57年、日本近代史料研究会・木戸日記研究会
内政史研究会編『加藤祐三郎氏談話速記録』『清水重夫氏談話速記録』『安倍源基氏談話速記録』『後藤隆之助氏談話速記録』『北村隆氏談話速記録』同会

年代	事項
昭和6年（一九三一）	1日本農民組合結成、モスクワから帰国の風間丈吉ら日本共産党再建　3橋本欣五郎ら桜会のクーデター未遂事件（三月事件）、全日本愛国者協同闘争協議会（日協）結成　4橘孝三郎愛郷塾を作る、第二次若槻礼次郎内閣成立、若槻民政党総裁となる　6中村大尉事件、全国労農大衆党結成、黒龍会系を中心に大日本生産党結成　7小桜会結成、万宝山事件　8郷詩会の会合　9日本国家社会主義研究所創立（赤松克麿・大川周明）、満州事変はじまる　10橋本欣五郎らのクーデター計画発覚（一〇月事件）　11安達謙蔵内相協力内閣を主張　12協力内閣運動失敗、第二次若槻内閣総辞職、犬養毅政友会内閣成立、安達謙蔵・中野正剛ら民政党脱党
昭和7年（一九三二）	1上海事変発生、下中弥三郎ら日本国民社会党準備会結成　2井上準之助暗殺さる（血盟団事件）、第一八回総選挙で政友会圧勝、リットン調査団来日、大川周明ら神武会結成　3満州国建国宣言、団琢磨暗殺さる（血盟団事件）　4社会民衆党分裂、国家社会主義新党準備会結成　5犬養首相海軍将校らに暗殺さる（五・一五事件）、斎藤実内閣成立、日本国民社会党準備会分裂して日本国家社会党（赤松克麿）および新日本国民同盟（下中弥三郎）結成　6国難打開連合協議会結成　7社会民衆党と全国労農大衆党合同して社会大衆党結成　8国民同盟準備委員会結成　9満州国を承認（日満議定書）　10川崎第百銀行大森支店赤色ギャング事件、共産党員大検挙、リットン報告書公表　12国民同盟結成（安達謙蔵・中野正剛）、国体擁護連合会結成
昭和8年（一九三三）	1ヒットラー首相就任　2国際連盟総会一九ヵ国委員会勧告案を可決、日本全権松岡洋右抗議して退場　3日本政府国際連盟脱退を通告、大亜細亜協会（下中弥三郎）結成　5滝川事件、塘沽停戦協定　6共産党幹部佐野学・鍋山貞親獄中で転向声明、日本産業労働倶楽部結成　7

	天野辰夫らのクーデター計画発覚（神兵隊事件）　10五相会議発足、後藤隆之助事務所（昭和研究会の前身）発足、三六倶楽部（小林順一郎）結成、矢次一夫の国策研究同志会（国策研究会の前身）発足　11内政会議開かる、救国埼玉青年挺身隊事件　12共産党スパイリンチ事件、松岡洋右政友会を脱党し政党解消連盟結成
昭和9年（一九三四）	1荒木貞夫陸相辞任し林銑十郎陸相となる、直心道場設立　2中島商相「尊氏問題」で辞任　3満州国帝制実施、鳩山文相辞任　4帝人疑獄事件おこる、日本プロレタリア文化連盟加入一〇団体解散声明、司法省思想検事をおく　6文部省思想局設置　7斎藤内閣総辞職、岡田啓介内閣成立　10陸軍省新聞班『国防の本義と其強化の提唱』を発行　11皇道派青年将校クーデター計画の容疑で拘束さる（一一月事件、士官学校事件）　12改造断行請願運動中央本部創立、日本米国にワシントン海軍条約廃棄を通告
昭和10年（一九三五）	1町田忠治民政党総裁に就任、北満鉄道譲渡につきソ満両国協定成立、『赤旗』終刊　2美濃部博士の天皇機関説問題化　3袴田里見検挙され共産党ほぼ壊滅　4美濃部の『憲法撮要』等発禁　5内閣審議会・内閣調査局設置　6梅津・何応欽協定、土肥原・秦徳純協定締結　7真崎教育総監更迭さる　8中国共産党抗日宣言、政府国体明徴声明、永田軍務局長相沢中佐に斬殺さる　11冀東防共自治委員会成立　12中野正剛国民同盟脱党（翌年東方会結成）
昭和11年（一九三六）	1ロンドン海軍会議で日本代表脱退を通告、相沢公判はじまる　2第一九回総選挙、二・二六事件　3広田弘毅内閣成立　5軍部大臣現役武官制復活　6国本社解散　7講座派学者ら検挙（コム・アカデミー事件）、二・二六事件関係将校死刑執行、スペイン内乱　8「国策の基準」決定、政府七大国策発表　10大日本青年党（橋本欣五郎）結成　11日独防共協定調印
昭和12年（一九三七）	1政友会浜田国松議会で軍部を攻撃し寺内寿一陸相と衝突、広田内閣総辞職、宇垣一成に大命降下さるも陸軍の妨害で組閣断念　2林銑十郎内閣成立、鈴木喜三郎政友会総裁を辞任し総裁代行委員制をとる　4第二〇回総選挙（社大党進出）　5内閣調査局改組されて企画庁発足、林

	内閣総辞職　6第一次近衛文麿内閣成立　7盧溝橋事件発生（のち「支那事変」と名称決定）、日本革新党（江藤源九郎・赤松克麿）結成　8北一輝ら死刑執行　9国民精神総動員実施要綱発表　10国民精神総動員中央連盟結成、企画庁と内閣資源局合体して企画院発足　11日独防共協定にイタリア参加　12パネー号事件、日本軍南京占領、頭山満ら挙国単一政党擁立運動展開のよびかけ、日本無産党と日本労働組合全国評議会に結社禁止
昭和13年（一九三八）	1日本政府国民政府を対手にせずと声明、中溝多摩吉防共護国団結成　2人民戦線事件（大内兵衛ら労農派学者グループ検挙）、防共護国団政友会本部占拠　3国家総動員法、電力国家管理法成立　4有馬頼寧産組大会で革新政治力の結成を発表　5内閣改造で宇垣一成外相就任　7宇垣・クレーギー会談、産業報国連盟結成、ドイツ防共協定強化を提案　9三相会議で新党案を検討、宇垣外相辞任　10日本革新農村協議会結成　11近衛首相東亜新秩序建設方針声明、農業報国連盟結成　12国家総動員法第一一条の一部発動決定、興亜院設立、汪兆銘重慶よりハノイに脱出、近衛首相日華国交調整方針につき談話発表、日本国体研究所組織（緋田工）、国民運動研究会結成
昭和14年（一九三九）	1近衛内閣総辞職、平沼騏一郎内閣成立　2社会大衆党・東方会・革農協の合同計画失敗に終る　4天津事件おこる、政友会中島派と久原派に分裂　6日本軍天津租界封鎖、反英運動激化、ノモンハンにおける日ソ両軍の衝突激化　7国民徴用令公布、アメリカ日米通商航海条約廃棄を通告　8興亜奉公日設定、独ソ不可侵条約締結発表、平沼内閣総辞職、阿部信行内閣成立　9独ソポーランド分割、英仏対独宣戦布告、日本政府欧州戦不介入を声明、汪兆銘新政府樹立声明　10東亜連盟協会結成　11東方会・国民同盟・日本革新党が時局同志会結成　12国民同盟・東方会・大日本青年党・大亜細亜協会などによる東亜建設国民連盟準備会設立
昭和15年（一九四〇）	1阿部内閣総辞職、米内光政内閣成立、末次信正・松岡洋右・松井石根内閣参議辞任、浅間丸事件おこる、日本建設協会結成　2斎藤隆夫「反軍演説」（衆議院議員除名処分は3月）　3社

昭和16年（一九四一）

会大衆党片山哲ら除名、南京に汪兆銘新中央政府樹立、聖戦貫徹議員連盟結成（時局同志会と政民有志）　4有田八郎外相蘭印の現状変更に関心と声明、ドイツ軍ノルウェー・デンマークに侵入　5近衛・木戸・有馬新党樹立を協議、勤労国民党（安部磯雄）結社禁止、ドイツ軍オランダ・ベルギー・ルクセンブルクに侵入、マジノ線突破　6湯浅内大臣辞任（後任木戸幸一）、久原房之助内閣参議辞任、聖戦貫徹議員連盟各党総裁に解党進言、近衛枢密院議長辞任新体制運動参加を声明、ドイツ軍パリ入城　7日本革新党解党、七・五事件、社会大衆党・政友会久原派・国民同盟・政友会中島派解党、永井柳太郎ら民政党解党派同党脱党、日本労働総同盟・日本農民組合総同盟解散、近衛文麿新体制の所信発表、米内内閣総辞職し第二次近衛内閣成立、政府基本国策要綱決定　8民政党解党、大日本農民組合解散、新体制準備会設けられ第一回会合開かる、新体制促進同志会結成　9新体制準備会終り閣議大政翼賛会の結成を決定、日本軍北部仏印に進駐、日独伊三国同盟成立　10大政翼賛会発会式（国民精神総動員本部解散）、政府および大政翼賛会文化思想団体の政治活動禁止を決定、東方会・東亜建設国民連盟・国民運動研究会解散　11西園寺公望没、大日本産業報国会創立大会、紀元二千六百年式典挙行、日華基本条約・日満華三国共同宣言調印、大日本青年党解党　12翼賛会各県支部結成、情報部内閣情報局に昇格、政府経済新体制確立要綱決定、翼賛会実践要綱発表、臨時中央協力会議開催、平沼騏一郎・柳川平助入閣

1大日本青少年団結成、衆議院議員の任期一年延長を決定　2近衛首相衆議院で翼賛会の性格について説明、平沼内相大政翼賛会は公事結社と説明、内閣情報局総合雑誌社に執筆禁止リスト提示　3翼賛会「推進の誓」「翼賛訓」発表、大日本壮年団連盟結成、翼賛会有馬事務総長以下全役職員辞職（副総裁に柳川平助・事務総長に石渡荘太郎就任）、政治結社東方会復活　4翼賛会機構改革と改組、日ソ中立条約調印、重要産業統制団体協議会開催、日本建設協会解散、企画院事件、「日米諒解案」成案となる（日米交渉はじまる）　6第一回中央協力会議開催、大

日本興亜同盟創立、独ソ開戦　7御前会議で「情勢の推移に伴う帝国国策要綱」決定、第二次近衛内閣総辞職、第三次近衛内閣成立、日本軍南部仏印進駐、アメリカ在米日本資産凍結、関特演　8アメリカ対日石油禁輸、近衛首相ルーズベルトへメッセージ　9翼賛議員同盟創立、御前会議で帝国国策遂行要領決定（期限付対米交渉）、翼賛壮年団結成方針　10ゾルゲ事件、第三次近衛内閣総辞職、東条英機内閣成立、東条首相翼賛会総裁就任　11帝国国策遂行要領決定　12日米開戦（大東亜戦争）

KODANSHA

本書の原本、『近衛新体制』(中公新書)は、一九八三年に中央公論社より刊行されました。

なお、引用文については仮名遣いを現代風にし、適宜、句読点をつけるなど、読みやすくしました。

伊藤　隆（いとう　たかし）

1932-2024年。東京都生まれ。東京大学文学部国史科卒。東京大学文学部教授，埼玉大学大学院教授，政策研究大学院大学教授を経て東京大学名誉教授。『岸信介の回想』（共著，文藝春秋）など近代史史料やオーラルヒストリーを編纂・刊行。主な著書に『昭和初期政治史研究』（東京大学出版会），『日本の近代16　日本の内と外』（中公文庫），『歴史と私』（中公新書）などがある。

講談社学術文庫

定価はカバーに表示してあります。

大政翼賛会《たいせいよくさんかい》への道《みち》　近衛新体制《このえしんたいせい》

伊藤《いとう》　隆《たかし》

2015年12月10日　第1刷発行
2024年12月10日　第4刷発行

発行者　篠木和久
発行所　株式会社講談社
東京都文京区音羽2-12-21 〒112-8001
電話　編集（03）5395-3512
販売（03）5395-5817
業務（03）5395-3615

装　幀　蟹江征治
印　刷　株式会社広済堂ネクスト
製　本　株式会社国宝社
本文データ制作　講談社デジタル製作

ISBN978-4-06-292340-8

「講談社学術文庫」の刊行に当たって

これは、学術をポケットに入れることをモットーとして生まれた文庫である。学術は少年の心を養い、成年の心を満たす。その学術がポケットにはいる形で、万人のものになることは、生涯教育をうたう現代の理想である。

こうした考え方は、学術を巨大な城のように見る世間の常識に反するかもしれない。また、一部の人たちからは、学術の権威をおとすものと非難されるかもしれない。しかし、それはいずれも学術の新しい在り方を解しないものといわざるをえない。

学術は、まず魔術への挑戦から始まった。やがて、いわゆる常識をつぎつぎに改めていった。学術の権威は、幾百年、幾千年にわたる、苦しい戦いの成果である。こうしてきずきあげられた城が、一見して近づきがたいものにうつるのは、そのためである。しかし、学術の権威を、その形の上だけで判断してはならない。その生成のあとをかえりみれば、その根は常に人々の生活の中にあった。学術が大きな力たりうるのはそのためであって、生活をはなれた学術は、どこにもない。

開かれた社会といわれる現代にとって、これはまったく自明である。生活と学術との間に、もし距離があるとすれば、何をおいてもこれを埋めねばならない。もしこの距離が形の上の迷信からきているとすれば、その迷信をうち破らねばならぬ。

学術文庫は、内外の迷信を打破し、学術のために新しい天地をひらく意図をもって生まれた。文庫という小さい形と、学術という壮大な城とが、完全に両立するためには、なおいくらかの時を必要とするであろう。しかし、学術をポケットにした社会が、人間の生活にとってより豊かな社会であることは、たしかである。そうした社会の実現のために、文庫の世界に新しいジャンルを加えることができれば幸いである。

一九七六年六月

野間省一